探究実践
ガイドブック

がもう りょうた

はじめに

　本書は「探究的な学習」、つまり研究活動を通じた「学び」を学校現場で作る際のガイドブックです。2018年3月に新しい高等学校学習指導要領が発表され、「総合的な学習の時間」が「総合的な探究の時間」に名称変更されました。以前より、高校での総合学習が学習指導要領の趣旨に沿っていないという指摘もあり、学習活動としての実質化がより強固に求められるようになった、と理解できるでしょう。2020年より大学入試改革が行われる予定で、調査書重視、つまり、3年間の学習実績が求められる等、知識詰め込み型の受験勉強からのシフトチェンジが始まっています。

　「探究的な学習」＝「課題研究」に関しての良質なハウツー本が近年、相次いで刊行されています。本書はこれらの本を意識しつつ、実際の授業に落とし込む流れや限られたヒト・モノ・カネで実践を組まなければならない学校現場に対応したものを目指します。

　「探究的な学習」の授業をどのように作ればいいのか。限られた資源のなかでどこから手を付けていけばいいのか。指導ノウハウをどのように蓄積していったらいいのか。そのような現場のニーズに応えるものとして、私自身の学校現場での指導経験や研究者としての知識を総動員し、わかりやすく具体的で、なおかつどの現場にも利用できる、ある程度の抽象性を持たせた実践ガイドとして本書を企画しました。

　本書の出発点は「調べ学習」です。多くの学校現場で「探究的な学習」がインターネットで調べたことを羅列しただけの「調べ学習」のレベルで終わってしまうのを嘆く声を聞きます。だからといって一足飛びに大学の研究者のような高度な探究を行おうとして失敗する場面にもよく出合います。本書はインターネットや図書館を利用した「調べ学習」をより高度な「探究的な学習」へガイドするものです。

　2017年3月、一連の教育改革を背景に私は『「探究」カリキュラム・デザインブック』（ヴィッセン出版）を上梓し、昨今の教育改革が求める「新しい学び」やその代表である「探究的な学習」についての理論的解説を行いました。本書はそれの対になる実践編です。ぜひ、前書『「探究」カリキュラム・デザインブック』も併せ

はじめに　3

てご利用ください。

『「探究」カリキュラム・デザインブック』で提示した「『探究』カリキュラムモデル」があります。前書ではこのモデルの「準備」段階にあたるさまざまなアクティブ・ラーニングの手法をご紹介しました。本書ではこのモデルの「課題設定」にあたるものを「調べ学習」と「仮説生成型探究」（仮説を作り、その妥当性を説得する）として詳しく解説し、「課題検証」、つまり、「仮説検証型探究」につなげる流れを提示しています。

「探究」カリキュラムモデル

本書と前書は、「探究的な学習」の一連の学びのプロセスを提示し、「探究的な学習」というプラットフォームを提示するものと理解してください。本書を手に取られた読者の皆様は本書を基本としつつ、すでに発刊されている「課題研究」等詳細なハウツー本をご利用いただければと考えています。

「探究的な学習」に関する教育方法的な議論は2018年現在、それほど盛んに行われてはいません。本書が実用本であるとともに、1つの学習モデルを提示するという意味で新しい時代を切り開こうという意欲的な一冊となることを願っております。

本書で提案する「調べ学習」―「探究的な学習」の道筋を高校の先生方だけでなく、小中学校の先生方にも「探究的な学習」の1つのモデルとして理解していただけると幸いです。

2018年5月
がもうりょうた

はじめに

第Ⅰ部　調べ学習から始めよう　7

1. はじめに「調べる」ありき－調べ学習の意義とは　8
2. 「探究」の入り口も調べ学習から－授業展開のモデル　12
3. はじめの一歩としてのテーマ選び　16
4. 調べ方を学ぼう　18
5. 情報を可視化しよう　22
6. 情報を整理しよう　26
7. 考察を厚くしよう　30
8. 調べ学習をまとめよう（1）－さまざまな発表方法　34
9. 調べ学習をまとめよう（2）－スライド式ポスターを作る　38
10. 調べ学習の発表会をしよう　42

コラム　教科教育を連携させ、学校全体で「探究」を　46

第Ⅱ部　仮説作りから仮説検証へ　47

1. 探究へ向かおう（1）－「課題」「問い」「仮説」　48
2. 探究へ向かおう（2）－「課題」「問い」の導き方　52
3. 探究へ向かおう（3）－単独型の仮説生成型探究　56
4. 「調べ学習」から「仮説生成」へ（1）－「問題設定」を作る　60
5. 「調べ学習」から「仮説生成」へ（2）－「仮説」を作る　64
6. 人文社会系探究の方法論　68

7．理数系探究の方法論－「変数」の重要性　73

8．探究の水準－どの程度、学びを深め、展開させるか　78

コラム　「探究」をどのように評価するか　82

第Ⅲ部　成果をまとめ、進路につなげ、探究を広めよう　83

1．探究成果の発表とその後の展開　84

2．ポスター作りの基本規則（1）－ポスター・ストーリー　86

3．ポスター作りの基本規則（2）－ポスターの視認性　90

4．ポスターセッションの基本ルール　94

5．校内ポスターセッションの段取り　98

6．ポスター＆要旨＆レポートの発展関係　102

コラム　探究ハウツー本のご紹介　104

7．校外発表に出てみよう　105

8．クロージングセッション－最終の振り返り授業　107

9．進路指導につなげる　110

10．成長する教育活動と探究的な学習　114

コラム　探究を学校内に根付かせるためには　118

おわりに

第Ⅰ部 調べ学習から始めよう

■「探究的な学習」を充実させるために「調べ学習」を活用する。

　ここでは調べ学習の意義や授業展開の流れを確認しながら、テーマ選びから調査方法、情報の可視化・整理・考察・ポスター作り、そして、ポスター発表大会の手順等を順を追って確認していきます。

第Ⅰ部 1章
はじめに「調べる」ありき——調べ学習の意義とは

「調べる」ことから「探究」の世界に飛び込もう

1. 探究には知識が必要？

　「探究的な学習」（以下「探究」）を進めていくうえで、現場の教師が悩むことがいくつかあります。そのなかの1つが「課題」意識や「問い」が浅い、あるいは「仮説」がうまく立てられないということです。

　ある高校でインドネシアへの研修旅行と関連づけ、東南アジアの「持続可能な開発」をテーマにした探究を進めていました。最終的な研究成果（レポートや発表ポスター）は「インドネシアのスイーツ人気ベストテン」や「インドネシアの女子高生に流行のファッション」等。教師が思い描いていたものとかけ離れたものになりました。どうしてこんなことになったのかを検討した結果、教師たちが出した答えは「そもそも、生徒たちはインドネシアについて知らないし、『持続可能な開発』といってもピンとこない。だから、うまくいかないんだ」というものでした。

かつて、教育改革を語るなかで「知識の陳腐化」というフレーズが飛び交いました。インターネットが広まる情報化社会において既存の知識が古く、陳腐なものになる。そのため、知識をどれだけ知っているかではなく、知識を「習得」した後、うまく「活用」できることのほうが重要である。そのために「探究」が重要だというわけです。
　しかし、これが落とし穴でした。「習得→活用→探究」の道筋のなかでは、多くの知識が必要になるのです。

「習得－活用－探究」の関係

2. 知識と体験のネットワーク

　私たちは日々の生活からさまざまな知識や体験を得ています。私たちの頭のなかではそれらがバラバラに存在するのではなく、互いに連結し保存されています。
　この連結(ネットワーク)はつねに流動的であるとともに何かのきっかけで新しく生まれることもあります。
　たとえば、「インドネシアにおける持続可能な開発を念頭に探究の問いを考えなさい」と言われたとき、頭のなかにある「インドネシア」と結びつきそうな知識や体験が総動員され、既存のネットワークがつなぎなおされ、新しい問いや解決策が生まれるのです。
　「インドネシアにおける持続可能な開発」というテーマを与えられたとき、学習者の頭のなかでこのテーマに関連しそうな知識が結びつき始めます。それらが、〔多民族〕－〔インドネシア〕－〔イスラム教〕－〔宗教〕というつながりを作ったとします。すると、このつながりから「多民族国家インドネシアにおける宗教の実態はどのようなものか」という問いが生まれます。

こうしてできあがった新しい知識のネットワークの誕生を「洞察」とか「アハ（ああ、なるほど）体験」と呼ぶことがあります。
　「洞察」というと、ある実験が有名です。チンパンジーの頭上にバナナが釣ってあります。チンパンジーはさまざまな方法でバナナを取ろうとしますがやがて諦め、足下にあった葦の茎で遊び始めます。そうしているとチンパンジーは突然、葦をつなげ出します。次の瞬間、チンパンジーはつながった葦でバナナを取ってしまったのです。
　このとき、チンパンジーの頭のなかでは、釣られたバナナの高さや2本の葦、そして、かつて、葦の茎で遊んだ体験が一本の道筋となって連結され、1つの仮説が生まれたのでしょう。この心理現象が「洞察」です。
　ある課題解決を求められる場面で知識と体験のネットワークが生まれ、新しい解決策＝仮説が生まれるのです。

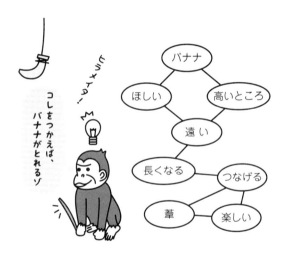

頭のなかのネットワークがつながると洞察が起きる

3.「問題系」へ飛びこもう

　自分のなかにある知識や体験がネットワークとなり、新しいアイデアが洞察される。このことは探究の問いを立て、仮説を導くプロセスに重要なものです。
　単に知識を結びつければよいというわけではありません。たとえば、「インドネシアのスイーツ人気ベストテン」だって、学習者のなかの「インドネシア」という

概念と東南アジアのスイーツのイメージが結びついたものかもしれません。重要なことは知識や体験のネットワークが既存の「問題系」に連結されることなのです。

　私たちの社会に多くの問題意識や課題意識（「問い」・「仮説」の母胎）が存在します。たとえば、「永遠の命」を追い求める問題意識はその周囲に「病気を治すにはどうすればよいのか」、「老いないためにはどうすればよいのか」という問いを生み出し、「人間がつねに新しい肉体を再生医療によって獲得できるなら、永遠の命を得ることができる」という仮説のもと、iPS 細胞等の開発が展開されています。このように、問題意識を核にしてさまざまな問いと仮説によって形作られる 1 つのネットワークを「問題系」と呼びましょう。

　探究における問いや仮説は社会に存在する問題系と接続されないといけません。そうでないと 1 人よがりな探究になってしまいます。探究が向かう問題系は、研究者が考えているものかもしれませんし、企業人が取り組んでいるものかもしれません。さらに市民団体等が抱えている問題系かもしれません。

　この観点からいえば、「多民族国家インドネシアにおける宗教の実態はどのようなものか」という問いは政策科学や市民社会の問題系につながります。また、「インドネシアで人気のスイーツは何か」という問いは国際的なマーケティングの問題系につながるでしょう。そう考えると、浅いと感じた学習者の問題意識もある問題系と結びつけ発展させることで興味深いものとして展開できるかもしれません。

「探究」の入り口も調べ学習から ——授業展開のモデル

仮説を作って検証する。その入り口も調べることから

1. 調べ学習から仮説検証へ

　知識や体験を豊かにするためには「調べ学習」が効果的です。知識注入型の一斉授業やエクスカーション（野外調査や実地演習）も必要ですが、個々人の興味関心に寄り添う調べ学習は探究の前段階として有効なものでしょう。

　調べ学習というと探究の初歩の初歩、ときには「幼稚なもの」と捉えられがちです。しかし、良質な調べ学習は、問いや仮説を作り出すことを促し、高度な探究の基礎となります。

　私が現場で他の先生方とともに指導した体験から調べ学習と探究の接点を考えてみます。

（1）「宇宙」がテーマの調べ学習から仮説生成へ―事例1

あるとき、数名の生徒たち（高校生）が宇宙をテーマに探究をしたいと集まりました。教師は生徒たちが興味を示していた惑星について調査するようにアドバイスをしました。生徒たちは図書館やインターネットを駆使し、さまざまな調査を行いましたが、次第に各々が別々の惑星について調べ学習をするように分担が進みました。

生徒たちは惑星の特徴を理解しながら、「それぞれの星へ人類が移住するにはどうすればよいのか」という共通の問いを立てました。互いに調べたことから宇宙への共通理解を構築する一方で、それぞれの星にどのようにすれば移住可能であるのか、仮説を作っていったのです。こうして調べ学習は仮説作り（仮説生成）へと進んだのです。

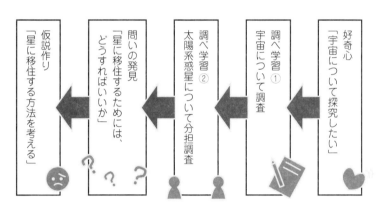

事例1の展開

（2）「自己催眠」がテーマの調べ学習から仮説検証へ―事例2

次の事例は調べ学習から仮説生成、そして、仮説検証への道筋を示しています。

催眠術について興味をもつ生徒がやってきました。ひとまずその生徒には催眠術についての調べ学習を行うように指導しました。この指導によって1枚目のポスターが完成しました。自己催眠と無意識に関する調べ学習だったのですが、生徒はますます催眠に興味をもち、次のステップとして自己催眠を体験することになりました。

自己催眠体験をもとにしたポスターを作っているなかで、生徒は自己催眠が学習効果を高めるのではないかという仮説を考え始めました。こうしてひねり出された

仮説が検証の段階に至り、20名を対象にした心理実験へと発展していきました。

この事例では「調べ学習」から「仮説の生成」、「仮説の検証」という3つの学習ステップがスムーズに展開することが見えてきます。

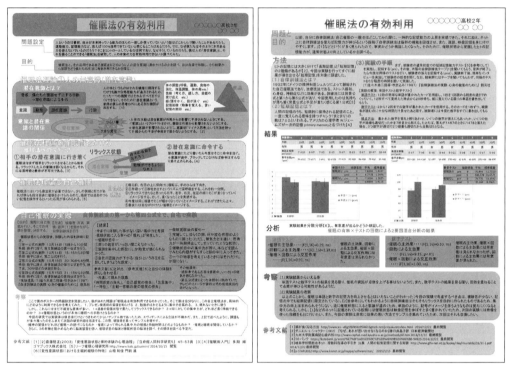

事例2でできたポスター（左は仮説生成、右は仮説検証）

2．教師にとってのはじめの一歩も「調べ学習」から

ここで示した事例の学校は当時、研究指定校や大学付属校のように潤沢なヒト・モノ・カネがあるわけではなく、かつ探究を行う文化もとくにはありませんでした。そのため、探究を行うにも実験器具や時間、指導者を必要とする「仮説検証」型の探究は難しかったのです。

その代わりに図書館の本や情報室のパソコンを使って行う「調べ学習」から始められる「仮説生成」型探究を選んだのです。実践を通じ、私も含め教師は探究指導のノウハウを学び、学校内に探究を行う教師同士のつながりが生まれました。このように探究の最初の一歩を調べ学習から始めると、教師側も順を追って指導ノウハ

ウが学べ、じっくりと事例を蓄積できるのです。

3．調べ学習にとって大切なこと

調べ学習はインターネットの有象無象の情報をつなぎ合わせるもので学びとして低レベルだというイメージをもつ人もいるかもしれません。実際、このような質が高いとはいえない実践をしている学校が多く存在します。単なる「コピー＆ペースト調べ学習」は、形ばかりの学習活動といえるでしょう。

そこには調べるプロセスや調べたことをつなぎ合わせるプロセス、そこから自分なりの考察を引き出すプロセスがおざなりにされています。形ばかりの学習活動にならないために、調べ学習において次のことが大切です。

①調べ方の学習……あるテーマについてどのようなアプローチで調査をすれば、そのテーマについて深く理解することができるのか。その方法論を学ぶこと。

②情報整理の学習……情報をつなぎ合わせる＝知識や体験のネットワークから洞察を得るプロセスを学ぶこと。

③発表方法の学習……発表媒体の作り方（レジュメ、ポスター、レポート等）、そのための情報の処理の仕方、効果的な成果報告の手法を学ぶこと。

このように調べ学習においても、その後の仮説検証型探究につながるような重要な学習訓練を受けることができます。

第Ⅰ部　調べ学習から始めよう　15

はじめの一歩としてのテーマ選び

大きすぎるテーマでは情報が多すぎるから、絞り込むといいよ

1.「課題設定」のためのプロセス

　調べ学習、そして探究で重要になるのは「課題設定」です。学習者がどのような探究を行うのか、決めるはじめの一歩にあたります。

　この課題設定が、なかなか難しいとの声が聞こえます。「探究をしましょう」、「課題研究をしましょう」と言っても、学習者のなかで探究、課題研究のイメージがなければどのようなテーマがよいのかわからずに困ってしまいます。ある程度の枠組み（たとえば、『生物』に関するテーマ等）を教師が与えたとしても、関連する知識がなければ1章で示したように年齢と不釣り合いな幼い問いや課題が出てきます。

　このためか、昨今では「課題設定」のためのワークショップや教材が開発され、さまざまなアプローチがなされるのですが、満足のできるアプローチは多くはありません。それは一気呵成に「課題設定」を行おうとするため、「テーマ」や「課題」、

「仮説」、「問い」、それぞれを作るプロセスを踏んでいないからだろうと考えられます。

　「課題設定」は、まず、学習者の興味関心に合わせた対象、テーマを見つけることから始まります。このテーマに関しての「調べ学習」を行い、知識を蓄えることで、そのテーマ周辺の「課題」が浮き彫りになっていきます。そこから「問い」が生まれ、対応する「仮説」ができあがっていく。このようなプロセスを、順を追って行うのが重要です。

2. テーマの「大きさ」がポイント

　「課題設定」の、そして、「調べ学習」のはじめの一歩となるのは学習者が「調べたい」と思う対象、テーマを選ぶ作業です。学校や学年の学習目標によってはこのテーマが一定の縛りをもつ場合があります。たとえば、アメリカへの修学旅行と関連した探究を行うなら、「アメリカ」に関連したテーマを学習者は選ぶことになります。たとえば、「アメリカの映画」や「アメリカの宗教」等です。

　一方で学習者にテーマを自由に選んでもらうこともできます。

　ともにポイントになることはテーマの「大きさ」です。大きさとはテーマについて調べ学習をする際の範囲の広さであり、そのテーマに関連した情報量を指しています。たとえば、「アメリカの映画」と「ヒッチコック監督の作品」では前者のほうがテーマとして大きいです。調べる範囲は広く、集めるべき情報量は多くなるでしょう。対して後者はかぎられた範囲でかぎられた情報量を集めればよくなります。

　だからといって、「テーマの大きさが小さいほうがよい」、というわけではありません。「『アメリカの映画』を調べる」という学習者は途中から調べる範囲の広さに圧倒されるでしょうから、「テーマを絞る」ことになるでしょうし、教師もいずれそのような指導を行うことになります。一方で「『ヒッチコック監督の作品』を調べる」という学習者はかぎられた範囲での調査なので比較的やりやすいのですが、視野を広げ議論を広げるためには「ヒッチコック作品」に関連する情報（別の監督の作品や発表された時代背景等）にあたる必要が出てきます。

　このように後々の指導において選んだテーマの大きさが影響することに注意しておきましょう。

第Ⅰ部　調べ学習から始めよう　17

調べ方を学ぼう

やみくもに調べても疲れるだけだよ。手順を意識して調べよう

1. データベースを使う

　調べ学習の基本は「調べること」です。調べるべきテーマを決めたら、さっそく、調査を始めます。

　調べ学習を充実させるさまざまなチャンネルが存在します。調べ学習というと、たいてい、「図書館で調べなさい、インターネットで検索しなさい」と指示を出せば事足りると考えがちです。しかし、図書館やインターネットを利用するにしても、どこのデータベースを、どのように利用するのか、その調べ方を知っていないとやみくもに調査して無駄な労力を使ってしまいます。授業時間を使うにせよ、放課後を使った宿題とするにせよ、学習者にとってタイムロスのない方法で的確に情報へアクセスできることが重要になるでしょう。

　インターネット上で公開されているオンライン・データベースは時間・空間を問

わない手軽な調べ学習のインフラになります。データベースを使って、調べたい語句を検索し、関係しそうな論文や書籍を探せば、何を読むべきか、調べるべきかが、理解できるでしょう。

オンライン・データベースの例

サイト名	提供機関	URL	URL
CiNii Articles	国立情報学研究所	https://ci.nii.ac.jp/	日本語論文の多くが検索できるウェブサイト。PDFで読めるものもあり、探究では必須データベース。
JAIRO	国立情報学研究所	http://jairo.nii.ac.jp/	大学等がウェブ上で公開している論文や報告書を検索できるウェブサイト。CiNiiではヒットしない報告書等が検索できる。
J-STAGE	科学技術振興機構	https://www.jstage.jst.go.jp/browse/-char/ja	学会誌をウェブに公開するサポートをしているサイト。検索はもちろん、分野別に読める雑誌が整理されている。
Google Scholar	Google	https://scholar.google.co.jp/	英語の論文検索ができる(日本語論文も検索可)。
Google ブックス	Google	https://books.google.co.jp/	一部書籍に関しては内容が読める。どのような本を読めばいいのか、本の内容を事前に調べられる。

2. 論文を読む際は

　論文を読んでいてわからない言葉があれば、それを解説している記事やウェブサイトを参考にするとよいでしょう。この点を少し解説しておきましょう。

　中学生や高校生が科学論文を読んでその内容を理解できるのかという、それは難しい部分があります。

　時には、指導する教師が論文の内容を噛み砕いて解説しないといけないこともあります。その作業はかぎられたテーマについて、というよりも、その問題系全体を見渡せる理解を生徒に与えることにつながります。研究したいテーマについての全体像をつかむわけです。

　さて、このプロセスを生徒自身にしてもらうにはどうすればよいでしょうか。

　えてして研究論文のテーマになっている内容については一般読者向けの科学誌等で解説が行われます。「ニュートン」や「ナショナルジオグラフィック」のような本です。

　一方で文系探究となると、新書本がそのテーマについてまとめていることがあり

第Ｉ部　調べ学習から始めよう　19

ます（研究のスピードとしては理系よりもゆったりしているので10年以内の研究動向なら書籍でも十分に間に合うでしょう）。テーマがかぎられたものであったり、最新のものであったりすると、各学術誌に掲載されている「研究動向」や「展望」論文を参考にするとよいでしょう。

3. 信頼性のあるソースとは

　図書館やインターネット上に散見されるさまざまな情報には、時にとんでもない間違いを含んだものがあります。信頼できる情報ソースの見つけ方とはどのようなものでしょうか。基本的なポイントをまとめましょう。

---

①文責が明確であるか

　その文章の責任を誰が取るのかを点検します。書籍であるなら著者はもちろん出版社の責任も問われます。論文であるなら著者やそれを掲載許可した雑誌の編集委員会の責任が問われるでしょう。インターネットの情報もそれを誰が書いたものか、どの機関が掲載しているものか、明確にされているか確認しましょう。

②文責者は信頼できる人物・機関か

　情報の責任が明確になったら、その責任者＝文責者は信頼できるかどうかを考えます。たとえば、自分の所属と経歴を明確にし、その経歴が信じるに足ると確認できる人物か。所在地や履歴が不明なインターネットのニュースサイト等も気をつけないといけないでしょう。

③書いていることは正しいか

　信頼できる経歴の著者・機関でも時に誤った情報を流すことがあります。とくに自分の専門ではない分野について言及したり、論争的な内容について自説が正しいように見せるため事実を歪めることもあります。これらの場合、情報の一次資料に遡ったり（言及されている内容に関する実験や検証）、他の情報ソースを点検したりする等のダブルチェック、トリプルチェックが重要になります。

4.Wikipedia(ウィキペディア) の使い方

オンライン百科事典である「ウィキペディア」が充実した内容になってきています。多くの学校でも、ウィキペディアを活用する場面があるでしょう。ただ、このオンライン百科事典は先に示したような信頼性のある情報ソースとはいえない点があります。

ウィキペディアは誰でもいつでも編集できるものであり、相互レビューとして信頼性を担保しているものの、その文章に対する責任を誰が取るのかは不明瞭です。つまり、「文責」が明確ではありません（公式には文責はウィキペディアン、つまり、利用者全体にあるとしています）。

では、ウィキペディアを読むことさえだめなのかというと、そうではありません。むしろ、大まかな知識を得るためには活用してもよいでしょう。

ウィキペディアのウェブページの下部にそれぞれの記述の情報ソースが明示されています。ウィキペディアで項目を調べたらこの情報ソースをチェックし、本当にそのような事実があるのかを確認します。

ウィキペディアはこのように適切な情報ソースやさまざまな情報を集めるためのポータルサイトの役割をもっています。直接は引用できないものの、引用する価値のある情報を探すのには役に立つのです。

さらにこのウィキペディア、日本語版の充実もさることながら、もっとも充実している英語版にアクセスすることも大変価値あるものになるでしょう。探究成果を充実させるためにも重要なヒントとなるでしょう。

情報を可視化しよう

調べたことはみんなで見られるように、情報カードにして共有しよう

1. 調べたことは「書きとめ」よう

　調べ学習を進めていると学習者にさまざまな問題が出てきます。たとえば、自分の調べた情報がどこのウェブサイトをソースとしていたのか、わからなくなってしまうこと、あるいは自分がそう思っていたのだけれど情報ソースをよく見るとそのように書いていなかったということ等が起こります。

　このようなことを避けるためには1つひとつ調べてきたことをメモとして書きとめ、それがどこに記されたどのような情報であるのか、明記しておく必要があります。パソコンやスマートフォンを使った調査では、メモ帳やテキストソフトで情報管理を行うことになります。

　しかし、探究初心者やグループで学習を行う場合にはデジタル上だけでなく、紙ベースの情報管理を行うと指導や情報共有がしやすくなります。

「あるテーマのもと、それぞれが別の角度から調べ学習を行う。それを後日、全員で持ち寄り、すり合わせていく」というグループ学習を考えてみましょう。

年齢の低い学習者は相手が自分と同じ前提条件（知識）を持っていないことを意識できないことがあります。つまり、自分が知っていることを相手も知っていると思って話すため、話の内容が理解されない状況が起こるのです。

その際、調べてきた情報をプリントアウトしておけば、1つひとつ、みんなの前で指し示しながら説明・吟味ができます。情報共有を通して、不足する知識を検討し、グループのなかで調べてきたことをより効率的に共有することができるのです。この際、教師がその場にいれば、プリントアウトされたさまざまな情報について、その信頼性や成否、解釈について指導することが簡単にできます。

これがいわゆる「可視化＝見える化」の効果です。

話したいことの前提まで「可視化＝見える化」する

2.「見える化」は探究で重要な方法

このような情報の「可視化＝見える化」は大学等での研究・調査でも重要な役割を果たしています。たとえば、人類学や社会学のフィールドワークでは、現地で得られた情報をフィールドノートに記録します。フィールドノートには日付や場所、情報を提供してくれた人物の名前やその情報が簡単に箇条書きされ、基礎的な資料として利用されるのです。

最近では、インタビューについても録音し、「トランススクリプト」として文字

起こしをすることが一般的です。これにより、インタビューで問われ語られている内容について、事実に基づいて精密に分析できます。聴き取りメモだけだと、その時々のニュアンスが抜け落ち、相手の真意とは違う解釈になる場合もあります。

　多くの理系の研究においても研究ノートが活用されます。これはどの研究者が最初にその技術を開発し、事実を突き止めたのかを明確にする効果をもちます。特許出願の際、研究ノートは重要視されるのです。また、近年、日本国内でも話題になりましたが研究不正の問題に対応するためにも研究ノートは重要です。研究が実際に行われたかどうかの証拠の1つになるからです。もちろん、実験の条件やその成否を検討するためにも必要な基礎情報となっています。

3.「見える化」の手順

　調べ学習を通じて得られた情報は「可視化＝見える化」され、活用されるのです。このような見える化の方法に関してはここ数十年でさまざまなものが開発されてきました。

　情報の可視化＝見える化とその蓄積という観点でいえば、1969年に梅棹忠夫が『知的生産』（岩波新書）で示した京大式カード等、情報カードの発想が手頃なものでしょう。

　情報カードはA6・A7等比較的小さな紙にさまざまな情報を記録しストックする方法です。1枚が1つの情報になるように作られ、そのカードを見返したり、カテゴリー化して整理したりする等すれば、カードの整理＝情報の整理となるわけです。

　現在では1枚1枚カードを作るというのは作業効率がよいとはいえません。その場合は次のような作業をパソコン上で行うとよいでしょう。

情報カードの作り方（一例）
①ワープロソフトで基本カードの作成
　Microsoft Office の Word のようなワープロソフトを使い、A6ないしはA5程度の大きさになるようなページを作成します。これを「情報カード」とします。

②情報カードに情報のコピー＆ペースト

　１ページに１つの情報となるようにウェブページや書籍、論文から引用したものを書き込んでいきます。書き込む際は「引用」と「自分がそこから読み取ったこと」を別にしておきます。

③情報の出典等を書き込む

　「引用」と「自分がそこから読み取ったこと」を書き込んだら、ページの下にその情報がどこからのものか、ウェブページなら「URL・サイトのタイトルとどの機関・人物のウェブサイトであるのか、最終閲覧日」、書籍なら「著者名（出版年）『タイトル』出版社名」、論文なら「著者名（出版年）『論文タイトル』掲載雑誌名、巻数、収録ページ」を記入します。

④カードのタイトルを付ける

　最後にページの一番上にカードのタイトルと作成者の氏名、作成日を書き込みます。

⑤カードの印刷

　調べてきた情報を共有したり指導を受けたりするときはこのカードデータを印刷して持参します。

「うなぎの分布」　　　　氏名、201＊年＊月＊日作成
・うなぎは基本的に世界中の熱帯・温帯地域に生息
・大西洋にはヨーロッパウナギとアメリカウナギの2種
・太平洋では多様な種が分布している
　⇒ウナギは世界中にいる（自分メモ）
出典：鰻よしお（2011）『うなぎのすがたかたち増補』○○○

「うなぎの食べ方」　　　　氏名、201＊年＊月＊日作成
・日本ではうなぎは蒲焼きで食べる方法がポピュラー
・海外では醤油煮（中国）やソテー（スペイン・デンマーク）、煮込み（ベルギー）等
　⇒ウナギにはいろんな調理法がある（自分メモ）
出典：世界のうなぎ料理（http://www.unagi_world.com/cooking）、
世界ウナギ協会(http://www.unagi_world.com)ウェブサイト内、
最終閲覧：201＊年＊月＊日

情報カードのイメージ

第Ⅰ部 6章 情報を整理しよう

情報カードをもとに調べたことを整理して、ポスターにまとめよう

1. ストーリー作り－「包括的なもの」から「個別的なもの」へ

　学習者はあるテーマのもとにさまざまな情報を集めてきます。しかし、これだけだと単なる情報の寄せ集めでしかありません。これをどう料理するのかが次の段階となります。

　調べ学習では2種類の知識を理解しておくとよいでしょう。1つは「包括的な知識」であり、ある対象についての全体像を理解するために必要な知識です。もう1つは「個別的な知識」で、これはある対象について細部を理解するために必要な知識となります。

　たとえば、太陽系の惑星をテーマにした調べ学習では、

　　・包括的な知識……惑星や太陽系の定義、太陽系内惑星の名称、距離や影響関係

・個別的な知識……個々の惑星の大きさや密度、気温等

　調べ学習では「包括的な知識」からテーマに関する全体的な理解を促し、次に個々の要素に関する「個別的な知識」を学ぶ作業へと移っていきます。当然ながら両者の情報収集は往還的なものになるのですが（包括的な知識を調べた後で個別的な知識を調べ、さらに包括的な知識を調べる……）、少なくとも最初のとっかかりは大きなところから始めること。これが個々の情報を理解するためにはやりやすい方法となるのです。

　「包括的な知識」から「個別的な知識」というプロセスは調べ学習の発表のストーリーラインでもあります。まずはあるテーマについての包括的な知識を聴き手に語り、さらに学習者が選択するトピックに関する個々の知識を説明する。

　たとえば、学習者が調べ学習の成果を発表するとき、次のように進めます。

　「私は太陽系の惑星について調べました。そもそも惑星とは……。太陽系とは……。太陽系の惑星とは……」と包括的な知識を示し、次に「私がそのなかでとくに興味をもったのは火星です。火星の大きさは……。密度は……」というふうに個別の知識へと展開していくのです。

　「包括的な知識」から「個別的な知識」へ。このストーリーに従って情報を整理するとき、そこに「1つのストーリー」が見えてきます。このストーリーが1章で示した「知識と体験のネットワーク」であり、ある対象についての「理解」と考えられます。

　個々の情報を1つのストーリーにする力、言うなれば「物語る力」こそが、調べ学習ないしは探究に必要な1つの能力になるのです。このような能力の獲得を探究において促すにはどうすればよいのでしょうか。

2. 情報整理ポスターを作ろう

　先に紹介した情報の見える化とストーリー作りは密接にリンクしています。個々の情報を整理しストーリーを作るための方法として情報整理ポスターを作成しましょう。

情報整理ポスターの作り方

①カードを机に並べる

　情報カード（5章参照）を机の上に並べます。机の大きさはすべてのカードを一望できる程度の広さです。

②類似したカードの整理

　それぞれのカードを見渡して、類似したもの同士を重ねていきます。

③カードの見出し作り

　重なったカードはその上にカードと同じサイズの紙を置き、類似したカードの情報を統合させた文章を書き加えていきます。

④カードのグループ分け

　カード同士の関係性を考えます。

　たとえば、このカードとこのカードでは書かれていることが反対である、このカードは包括的な知識を書いているけれど、これは個別的な知識である、このカード同士は似たような内容を書いているから同じグループである、等です。

⑤カードの配置

　カード同士の関係性が見えてきたら、机の上に模造紙を置きます。模造紙の上に改めてカードを配置します。このとき、模造紙上部は空けておきます。

　基本的には「包括的な知識」は上に、「個別的な知識」は下に、対立し合うものや並列関係のものは横に並べる等、わかりやすく整理します。

⑥関係性の明示

　カラーペンを配り、グループごとにまるで囲んだり、対立関係を書いたり、並列関係を示したりします。原因と結果のような関係性等も書き加えます。

⑦情報整理ポスターの作成

　カードを模造紙に貼り付けていきます。

　模造紙上部の空けていた部分に自分たちの名前やグループ名、可能ならポスター

のタイトルを書きます。

⑧ミニ発表会

　こうしてできあがった情報整理ポスターをもとにクラス内でミニ発表会を行います。上から情報を読み上げ、それぞれの関係性を語る作業を通して、学習者のなかにストーリーができあがるのを促していきます。

※この方法は川喜田二郎のKJ法（1967年、『発想法－創造性開発のために』、中公新書）を参考にしている

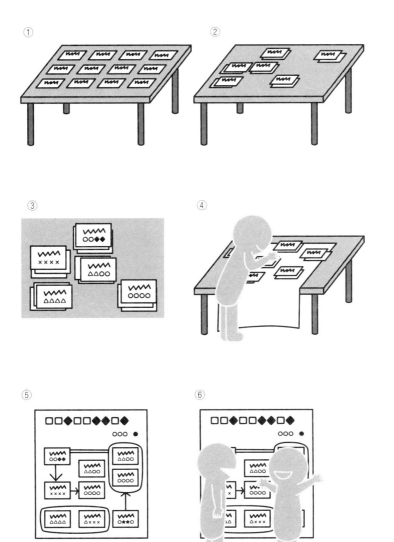

考察を厚くしよう

探究で大切なのは「考察」。調べ学習でも考察は「厚い」ものにしよう

1. 整理された情報から「考察」を生み出す

　情報整理ポスターはあくまでも情報をまとめたものにしか過ぎません。そこには学習者自身の考え、つまり、「考察」は入っていないのです。調べ学習を学びとして実質化するためにはこの考察が重要です。

　考察を厚く充実させるのは非常に難しいことです。そもそも「厚い」とはどういうことを意味するのでしょうか。「厚い考察」があるなら当然ながら「薄い考察」があってしかるべきです。

　「薄い考察」は調べた内容や実験結果からわかったことを羅列している程度の考察です。調査や実験の「まとめ」のようなものです。あるいは、ごく一般的な感想を述べたものもこれにあたるでしょう。

　たとえば、地域の水質汚染について調べ学習をした学習者が、最後の考察に、「水

を大切に使わないといけないと思った」と書いていた。これは「薄い考察」といえます。このようなことは調べ学習をしなくとも理解できることであり、あまりにも一般的なことです。

　一方の「厚い考察」はどういうものでしょうか。地域の水質調査という調べ学習においては、水質が低下して悪化している原因が何であるのか、調査や実験の結果から自分なりの仮説が提示できていたら、「厚い考察」と呼べるでしょう。それは調査や実験という学習活動の集大成的なものであり、個々の知識や成果が深く結びついた考察となります。

　「薄い考察」と「厚い考察」の特徴について表にまとめましたので参考にしてください。

「薄い考察」と「厚い考察」特徴の例

薄い考察	内容の要約になっている 　例）この調査でわかったことは〜である
	その体験（実験や観察、調べ学習）をしなくても書けるような一般的な内容である 　例）さまざまな文化的背景を持つ人々がこの地球では暮らしているということがわかった
	一見妥当であるが、具体性に乏しく、内容がない 　例）私たち人間にとってかけがえのない資源は大切なものであり、無駄遣いはしてはいけない
厚い考察	複数の情報を組み合わせている 　例）実験により明らかになった〜ということは過去の研究の〜と合わせて考えれば〜である
	その体験（実験や観察、調べ学習）を前提とした内容になっている 　例）調査で判明した〜ということは〜ということではないかと考えられる
	具体的に理解が可能な詳しい記述になっている 　例）今回観察されたことは、インドネシアの〜という宗教的背景が関わっているように考えられる
	自分なりの考え方や疑問を提示している 　例）調査で見られた〜ということの背景には性差が関わっているのではないか

2.「厚い考察」を書くレッスン

　調べ学習を行ううえで考察が薄くならないように注意を払わないといけません。しかし、薄い考察を厚い考察にするために段階的な指導を意識しないと学習者としても困ることになるでしょう。

ここで「厚い考察」を可能にするためのレッスンが考え出されるわけです。
　前著『探究カリキュラム・デザインブック』で、探究には「準備段階」があると書きました。厚い考察を書くための準備段階としてどのようなことが可能でしょうか。
　たとえば、探究の準備段階として、中高生向けの学術書を輪読する授業を行うとします。そこでは学習者は自分の担当するテキストの箇所を1枚のレジュメにまとめます。
　その際、最後の項目として考察を設けます。この考察では本を読み、レジュメにまとめたことから何がわかったかを書きます。そのうえで本を読んだ感想や考えたことをつづけて書きます。1つ目は「まとめ」であり、2つ目以降が「自分の考え」ということです。
　レジュメについて教師は評価を行います。「考察」に関しては、複数行にわたって詳しい内容が書かれているのか、複雑にさまざまな要素が盛り込まれているのか等を評価基準とするとよいでしょう。
　このようにすれば、学習者はある情報を整理したならば、その整理した情報から自分なりの考えを導き出す習慣をつけることができます。
　次の段階としてはそこで得られた感想や考え（考察）をもう1枚のレジュメとして展開するよう指導します。この段階での考察は調べ上げたものから離れていないこと、そして分量も多いことが1つの基準となっています。このようにすれば、単に情報をまとめるだけではなく、そこから自分なりの気づきや発見、仮説を導く訓練が行えます。

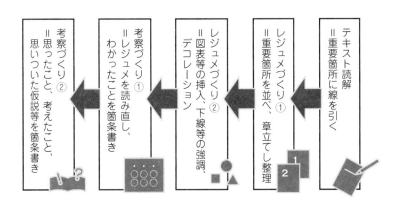

輪読授業の展開例

3. 教科のなかでも「厚い考察」を

　以上のような厚い考察を書くための指導は普段の教科教育（とくに文社系）にも利用できるでしょう。たとえば、現代文の授業で教科書の本文の要約をした後に、「何がわかったのか」とともに「そこからどのような発見や気づき、仮説を思い浮かべたのか」を問うのです。ポイントは「厚さ」です。最初は文量を目安に指導するだけでよいでしょう。何行以上、何文字以上を徹底させます。そのうち、2つの文章を読ませて、両方の文章を要約、そのうえで「2つの文章を読んで何がわかったのか」、「2つの文章の読み比べからどのような発見や気づき、仮説を思い浮かべたのか」を問うのです。

　こういうと文章の選定に気を使うかもしれません。しかし、「ある文学作品についての2つの論評」のように1つの対象についての異なる意見や類似した意見や関連性をもったもの等シンプルに考え、選定すればよいのです。

　このような「考察」を書くためのレッスンは社会科や英語科でも可能な取り組みです。文章を読み要約し、わかったことをまとめさせ、そこから自分なりの考えを書かせるという方法です。

各教科での「厚い考察」練習展開例

教科	主たる課題	考察につながる課題
国語 （現代文・古典）	「源氏物語」を現代語訳しながら、光源氏に関する評論を要約する	作品と評論、両方を読んで、気づいたこと、考えたことを箇条書き10項目以上、書く
英語	女性の社会進出についての複数の英語意見文を日本語に翻訳する	意見文を読んで考えたことを20行以上、日本語でも英語でもよいので書く
地歴（歴史）	教科書を参考に、満州国建国の経緯について要約する	要約を作成し、疑問に思ったことを箇条書き20以上書く
公民 （倫理・経済）	少子高齢化についての異なる立場の評論を読み、意見の対立を図式化する	対立する意見について、自分なりの考えを箇条書きでもよいので20行以上書く

第Ⅰ部　調べ学習から始めよう　33

調べ学習をまとめよう（1）――さまざまな発表方法

ポスターといっても種類はいろいろ。手描きもあるよ

1. どのように発表するのか

　「情報整理ポスター」を作り、「考察」を書き終えたら、調べ学習も終盤です。これら学習の成果をどのようにまとめ、「発表」するのかが、次に問われます。

　この「発表」は探究において重要なファクターになります。どの方法で発表するかによって成果報告の見栄えが変わりますし、展開される学習活動も変わってきます。つまり、どのようなタイトルで、どのような見出しで、どのような図表を使って、ポスターであるならどのようなレイアウトで発表を行うのか。

　たとえば、探究成果をレポートにしかまとめないならば、学習者は探究成果を人前で発表する機会はなく、文章の書き方を中心に学習活動を行うことになるでしょう。ですから、「レポートにまとめる」という発表であれば結果を視覚的にわかりやすく表現する学習は経験できません。

2. さまざまなポスター発表

　もっとも、見栄えのよい成果報告の手法は A0 版(841 × 1189mm)の 1 枚ポスターを利用したポスター発表です。カラフルなレイアウトや成果を可視化した図表、写真を添付することにより視覚から学習者の成果を提示することができます。

　一方で、このような 1 枚ポスターは制作する際には非常に細かく、注意深い指導が必要です。1 枚のポスターであるがゆえに 1 つのパーツを修正する際、全体のレイアウトを調整する必要があるからです。たとえば、グラフを 1 つ削除したらそのスペースをどのようにして埋めるのかを考えなければなりませんし、全体のレイアウトが崩れるのであるなら、調整が必要となります。調べ学習の段階ではこのような 1 枚ポスターを制作するのは指導コストの面から合理性を欠くことになります。

　もっとも手軽なポスターは複数のスライドを紙芝居のようにつなげたスライド式ポスターでしょう。たとえば、1 枚目にはタイトルと氏名を、2 枚目には問題設定を、3 枚目には目的を、4 枚目以降は調べてきた情報を整理して並べる。

　これなら、あるスライドを書き換えるにしても、そのスライドだけ作り直せばよいことになり、全体のレイアウト等には影響はありません。手軽に修復、修正が可能になるのです。

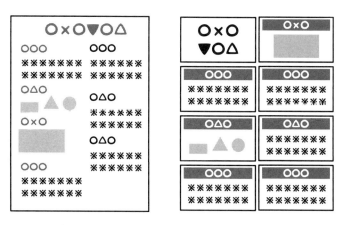

図8　1枚ポスター（左）とスライド式ポスター（右）

3. 手描きポスター

　A0版1枚ポスターやスライド式ポスターはMicrosoft OfficeのPowerPoint等で作成しますが、学校の機器の関係上、パソコンやプリンターの使用にかぎりがある場合もあります。その場合は手書きポスターという手法もあります。

　これはグループで探究を行う場合に有効な手法です。

　スライド式の手描きポスターについて考えてみましょう。最初はスライドの枚数を割り当て、それぞれに何を書くのか考えます。そして、分担した後、各自でスライド（A4の紙）に情報を書き込み、持ち寄り、机の上に並べながら情報の細部を調整します。必要に応じて、スライドの作り直しも容易です。各自が持ち寄ったスライドを机の上で操作できる点、そして、何より分担が簡単にできる点が長所でしょう。

　A0版1枚ポスターのような大判ポスターを手描きにすることもできます。これは方眼入りの模造紙（四六版で788 × 1091mm）を用います。原稿は別に作成しておきます。まず、プリントした写真や地図を方眼の入った模造紙上に配置し、レイアウトを決めます。写真や図の配置が決まったら、方眼に沿って文字を書き込んでいきます。もし書き間違ったり、文章を変更したりするときは上から紙を貼ればよいのです。

　この大判ポスターは一般的なプリンター使用のものとは違い、印刷コストがかからないこともあり、複数枚作成し、上部をテープ等で接着、竹ひごで固定し、上から紐で吊るし上げることで発表を行うことができます。そのページの発表が終わるとページをめくって次のポスターを開くというやり方です。

　手書きポスターには図工的な特徴があり、レイアウトの学習だけではなく作品作りという側面から学習効果が見込めるでしょう。学習者や保護者の印象としては、こちらのほうが「作品」という感じで、時には好感をもたれるかもしれません。ただし、手描きのため、作成に時間を要するのが難点です。

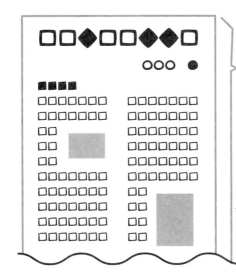
・A0 版相当の大きさ
・文章がレポートのように書かれている

・上部をガムテープで製本する

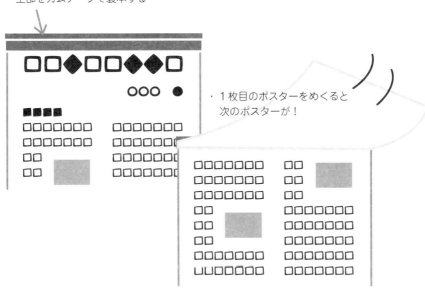
・1枚目のポスターをめくると次のポスターが！

・収納する際は丸めて管理する

手描きポスターの一例

第Ⅰ部 9章
調べ学習をまとめよう（2）——スライド式ポスターを作る

作り始めは1枚ポスターよりもスライド式ポスターのほうがやりやすいよ

1. スライド式ポスターを作ってみよう

　実際に調べ学習の発表用ポスターを作ってみましょう。今回は指導がしやすいスライド式ポスターの作り方を示します。

　まず、ポスターの基本枚数です。今回はA0版ポスター（840 × 1189mm）を基本としてサイズを考えるのでA4スライド（210 × 297mm）が16枚程度となります。16枚のスライド式ポスターなら一般的な校外の発表会でもスペース的に掲示可能です（基本スペースはA0版ポスター1枚分となっていることが多いため）。

　スライドの1枚目は発表タイトルと学習者の氏名、ないしは班名を書きます。また、引用参考文献をまとめて記載する場合はポスター最終16枚目にまとめて書きます。2枚目にはどのようなテーマを、どうして調べることになったのか。「テーマと動機」のようなタイトルで書くとよいでしょう。こうなると実際に使用可能な

スライドは13枚です。最後に14枚・15枚目を「考察」に当てるなら、自分たちの調べてきた内容は11枚程度にまとめる必要があります。

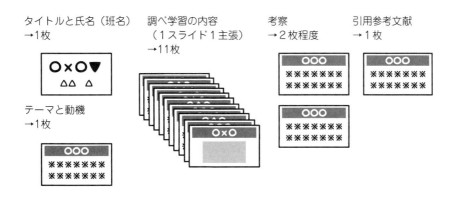

スライド式ポスターの基本構成

2. ポスター作りの手順

　学習者は情報整理ポスターを参考に、集めてきた情報をスライドに転写します。原則として1枚のスライドに1つの情報をまとめます。たとえば、ある国の宗教人口について解説したいなら、人口内訳グラフを1枚のスライドにコピーします。そして、そこから読み取れることをグラフの下に書き込みます。宗教人口と民族人口を比較させる狙いがあるなら、2つのグラフを1枚のスライドにコピーします。そして、2つのグラフの比較から読み取れることをスライドの下に書き込みます。

　このように、1つの主題（読み取れること）に対して、根拠となる情報をスライドに配置します。これがスライド構成の基本です。1枚のスライドには1つの主張、というのが基本です。

　考察を提示する場合は箇条書きとして文章を書き込むことがあります。この際、重要な文言は色を変えたり、下線を引っ張ったりして強調します。この強調部分はそこを読むだけで何を言いたいのかわかる表現にしましょう。

3. スライドの作り方

（1）スライドの文字数と文字の大きさ

　スライドの適切な文字数は状況によって変わります。また、表現や文体の好みによっても変わります。ここでは1枚のスライドで100文字程度を理想とします。その場合、文字の大きさは35ポイント前後が読みやすいでしょう。

　指導のうえでは基本的にはたくさん書き込むことを強調するとよいです。だいたい、200～300文字くらいでしょうか。要約は重要なところを残す作業ですから足していくよりは比較的簡単な作業です。そのため、最初は理想の文字数より多く書き込むように指導します。

インドネシアの歴史

・7世紀後半からスマトラに仏教国スリウィジャヤ王国が勃興し、8世紀に中部ジャワに、仏教国シャイレンドラ王朝が興り、ボロブドゥール等の有名な仏跡を残した。13世紀にはイスラム文化・イスラム教が渡来し、北スマトラのアチェ地方に最初のイスラム小王国が現れた。同時期、ジャワにマジャパイト王国が勃興し、ジャワ以外にも勢力を伸長した。
・1596年にオランダの商船隊、西部ジャワのバンテン港に渡来、1602年にはオランダ、ジャワに東インド会社を設立した。1799年、オランダは東インド会社を解散し、インドネシアを直接統治下においた。
・1942年から3年間、日本軍による占領を受けた。1945年、スカルノ及びハッタがインドネシアの独立を宣言し、1949年までオランダと独立戦争となった。
・1949年、ハーグ協定によりオランダがインドネシアの独立を承認した。

出典：外務省「インドネシア基礎データ」より
http://www.mofa.go.jp/mofaj/area/indonesia/data.html　最終閲覧日：2018年　31日

インドネシアの歴史

・7c後半～8c：仏教国スリウィジャヤ王国（スマトラ）、仏教国シャイレンドラ王朝(中部ジャワ)

・13c：北スマトラにイスラム小王国。ジャワのマジャパイト王国伸長

・オランダ植民地：1602年東インド会社、1799年から直接統治
　（1942～1945年、日本軍占領）
　→1945～1949年：独立戦争（1949年、ハーグ協定で独立）

出典：外務省「インドネシア基礎データ」より
http://www.mofa.go.jp/mofaj/area/indonesia/data.html
　　　　　　　　　　　　　　最終閲覧日：2018年3月31日

文字数を減らす指導の一例

（2）出典の書き方

　次のポイントは出典の書き方です。出典の書き方は研究分野によって異なってお

り、必ずしもこれが決定版だというものはありません。

　たとえば、本文中に文献情報は書かずに番号だけ入れ、注釈に書籍情報を書き込むこともあれば（例：〜ということがわかっている[1]）、文中に著者名と発行年を書き込み、文末に文献リストのみを掲載する場合（例：七猫（2016）によると〜）もあります。このように手法はさまざまあるのですが、共通しているのは書籍情報にはどのようなものが含まれているのか、オンラインの情報はどのように示すべきなのかという基本的な事項です。この基本事項を明記してあれば、出典表記の仕方はある程度自由が認められると考えられます。

```
１．書籍の場合
著者名（出版年）『タイトル』出版社名
　例：七猫七子（2018）『探究的な学習のすべて――理論と実
　　践』七猫新社

２．論文の場合
著者名（出版年）「論文名」『雑誌名』（巻号）収録ページ
　例：七猫七夫「ネコ科のDNA解析の手法」『ネコ研究』（12）
　　pp.12-24

３．インターネットの場合
親サイトの名称（作成機関や作成者名）（URL）内　HPタイトル
（URL）最終閲覧日：＊＊＊＊年＊＊月＊＊日
　例：日本ネコ学会（http://www.japan_cats.co.jp/）内
　　ネコの正しい飼い方
　　（http://www.japan_cats.co.jp/cats_shiiku.html）最終閲
　　覧日：2018年3月31日
```

出典の書き方の例

（3）タイトルの付け方

　調べ学習の段階では、タイトルに関してはそれほど多くの制約をかける必要はありません。ただ、一体何の調べ学習であるのか、わかるように、テーマが主題か副題に入るように指導しましょう。探究の段階が進むにつれタイトルに含むべき内容は、ある程度決まります。このことはⅡ部でご紹介します。

第I部 10章
調べ学習の発表会をしよう

発表会を行うと学びの達成感が得られるよ

1. 発表形態とクラスでの運用

　調べ学習のポスターができたら、発表大会を行います。一連の探究の流れ（調べ学習→仮説生成→仮説検証）を考えれば、中間発表にあたるものになります。

　ここで改めて、発表の形態について簡単に説明します。

　まず、ポスターセッション（ポスター発表）です。これは発表者が自分の作ったポスターの前に立って聴き手にポスターの内容を説明、聴き手がポスターや説明の内容について随時、質疑応答を行う方法です。この発表形態では、発表者と聴き手との交流は比較的フレキシブルで双方向的なものです。つまり、発表者がポスターの内容を説明している際に聴き手がそれを遮って質問をしたり、発表者が聴き手の様子に従って発表時間を変化させたりできるのです。

　他方の口頭発表はよりフォーマルな発表形態になります。ここでは発表者はスラ

イドを大きな画面に映し出したり、手元資料としてレジュメを配布したりして、決められた時間内で一方通行で発表を行い、発表が終わった後で聴き手と質疑応答を行います。

　昨今の高校探究の現場ではポスターセッションが盛んに行われており、ここでの発表会もポスターセッションを基調に行うものと考えておきます。

　ポスターセッションでは時間設定や空間設定、ヒトの配置が重要になってきます。たとえば、20人のクラスであれば一度に10人が同時に発表すれば、授業の前半と後半で20人全員が発表することもできます。ただ、10人が発表すると聴き手も10人になりますから、1人の発表に聴き手が1人と、少し寂しい印象のものになります。こういう場合は2回の授業に分けて、今日は10人が前半5人後半5人で発表を行う、次回は残りの10人が前半5人後半5人で発表を行うというタイムスケジュールと役割分担にするとよいでしょう。これなら、発表者5人に対して15人の聴き手が存在することになり、等分に割り振れば、発表者1人当たり2～3人が聴き手となります。

　口頭発表なら1回の発表で10人が発表するとして、50分授業なら5分ずつの発表時間になります。他方のポスターセッションなら、50分授業を前半後半で分けるなら単純計算で1人25分程度、発表ができます。聴き手の人数は少なくなるものの、発表の回数や時間を確保することができるのです。

　ただし、クラス人数が少ない場合はポスターセッションよりも口頭発表のほうが適切です。10人のクラスであるなら報告会を2回行えば1回の発表につき50分授業中に5人ずつで10分程度の発表時間が確保できます。スライド式のポスターなら口頭発表にもプレゼンテーション用スライドとしてそのまま流用できます。ただ、口頭発表ではどうしても聴き手に当事者意識が薄れてしまいます。口頭発表中、各人が質問を3つ以上プリントに書き込むようにする等の制約を設けるとよいでしょう。

2. 教室でできるポスターセッション

　ポスターセッションでは発表者は複数のA4スライドポスターやA0版ポスター1枚を壁やポスター台に貼り付けて発表を行います。ポスターパネルは1台数万円

するもので非常に高価です。壁や黒板にポスターを貼り付けるのもよいですが、やはり、ポスターパネルを利用すると本格的なものになります。

　ここでは簡易的なポスターパネルとして段ボールパネルを紹介します。段ボールパネルは加工用の板状のものであり、A0版ポスターを1枚に貼り付けられる大きさのものです（たとえば、900 × 1800mm 程度）。段ボールパネルは安価であり、だいたい、50枚で3万円程度の価格です。持ち運びも簡単で、転倒してもケガをすることはありません。ただ、自立性が確保できませんので机や椅子にもたれかけさせて利用することになります。紙ですので水に弱いのですが、大切に使えば数年間は使用可能です。

　段ボールパネルの場合は机や椅子にもたれかけさせるため、裏表を使うことができません。この点は市販の自立式のポスターパネルと違うところです。

イスとダンボールパネルを使ったポスターセッション

3. 発表会の段取りについて

　さて、発表会当日の段取りについてです。まず、授業を発表ターン（前半後半等）で分け、発表を配分します。

　人数が多い場合は１つの授業を３つに分ける方法もありますが、一定の発表時間が必要ですので前半と後半の２分割で学習者を配分するとよいでしょう。

　前半の組は授業開始前に段ボールパネルにピンを使って自分たちのポスターを貼って行きます。

　授業開始とともに、後半発表・別授業発表組は観客となり、前半発表組のポスターの前に集まります。この際、どのポスターを見るかは自由にする方法があります。また、どの順番で見るのか事前に決める方法もあります。最初はどこかのポスターで話を聞き、２枚目からは自由という方法もあります。

　発表者は「開始」の合図とともにポスターを上から順々に説明していきます。聴き手はそれを遮って質問をしてもよいですし、「もっと短く」のような要望を出してもよいでしょう。

　この段階では、ポスターセッションについて学習者の大半はなじみがないと思われます。この時点での指導として重要なのは、ポスターに自分たちの調べ学習の成果を貼り付け、クラスメイトに発表し質問を受ける１連の流れを経験させることなのです。前半の大体25分で発表は２〜３回程度行えると考えられます。

　１回の発表時間の目安は10分程度とガイダンスするとよいでしょう。７〜８分程度のポスター発表とともに２〜３分程度の質疑応答が理想です。おそらく、初学者はうまく質問ができないと思います。事前の説明で聴き手は必ず質問しなくてはいけないことを決まりとして提示する必要があります。そしてできればポスターセッション中に受けた質問と行った回答については発表者自身が書き留めておくように指導するとよいでしょう。

第Ⅰ部　調べ学習から始めよう　45

コラム
教科教育を連携させ、学校全体で「探究」を

　前書『「探究」カリキュラム・デザインブック』にて、探究の「準備」段階の授業として、さまざまなアクティブ・ラーニングの手法を紹介しました。本書では「調べ学習」から始まる「課題研究」段階の内容を話していますが、学校によっては「課題研究」段階の内容で「総合的な学習の時間」／「総合的な探究の時間」がいっぱいになってしまい、「準備」段階で行っておきたい学習活動ができないと感じる方もいるかもしれません。

　この場合は教科学習のなかに、探究の「準備」段階の学習内容を盛り込むとよいでしょう。Ⅰ部7章でも、教科教育のなかで「厚い考察」を書く練習を推奨しました。「厚い考察」を相互交流させるだけで、教科内での学習者の対話的な学びが促進されることでしょう。

　普段の授業のなかに探究の要素を入れるだけで学びの質が変わってきます。たとえば、授業で習った内容をA3くらいの紙にまとめて、即席のポスター発表会を行うなら、学んだ知識を有機的につなぎ合わせる「深い学び」が可能になるでしょう。

　このように「準備」段階の学習を総合的な学習の時間／総合的な探究の時間でできないなら、他の教科教育との有機的な連結を志向するとよいのです。それは結果的に学校全体の学びが総合的な学習の時間／総合的な探究の時間を中心に整理されることで、学校全体でのカリキュラムマネジメントを推進することにつながるのです。

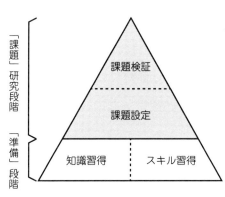

「探究」カリキュラムモデル

第Ⅱ部 仮説作りから仮説検証へ

■「調べ学習」から「仮説検証」へ、どのように展開していくのか。

　ここでは「調べ学習」で習得した知識をもとに、「課題」を明確にし、「問い」を立て、「仮説」を導き、仮説を検証するための方法を見極める、一連のプロセスを説明します。とくに仮説を導くまでの段階を詳しく検討し、仮説検証方法については人文社会系と理数系でそれぞれのアプローチについて大まかに示します。

探究へ向かおう（1）──「課題」「問い」「仮説」

「課題」は身近なところにあるよ

1．仮説検証に向かう準備をしよう

　調べ学習を探究のレベルに引き上げ、仮説を検証する段階に向かうために、次にすべきことは「仮説」を作ることです。

　一般的に「研究」というと、ビーカーの中で異なる物質を混ぜ合わせたり、特定の環境下で細菌を培養したりするような実験や観察をイメージします。あるテーマについて調べ学習で知識を習得したからといってこの研究の段階に向かうことは難しいでしょう。「課題」を明確にし、「問い」を立て、「仮説」を導き、仮説を検証するための方法を見極める。このプロセスが必要になります。

　さて、ここで「課題」や「問い」、「仮説」という言葉を出しました。これらの言葉は探究を行うときによく用いられるものです。仮説検証へと向かうプロセスを説明する前に、これらの言葉について確認をしておきましょう。

よく課題解決能力をつける等といいますが、その内実はわかりにくいものです。以下、私自身が直面した日常での「課題」をもとに考えてみましょう。

　ある日、仕事でA駅からC駅に移動することになりました。しかし、大雨のため、A駅とC駅の間にあるB駅までの線路がぬかるみ、電車が徐行や運行停止となっていました。このままでは時間通りにC駅に移動することができません。

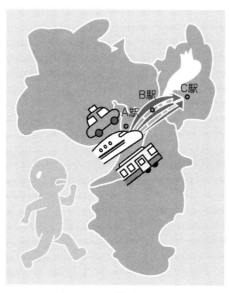

どうやって移動する？

　「通常の方法では時間通りに目的地に移動できない」。これが、私が直面した「課題」でした。そして、「その課題を解決する方法はないか」。当然ながら、このような「問い」が浮かびました。

　タクシーでの移動では費用が高く、また、時間的にも満足いくものではありません。インターネットで路線情報を検索すると通常運行をし、かつ高速移動のできる電車に気づきました。それは新幹線でした。どうやら新幹線では今回の大雨でも支障がないようです。

　A駅からB駅まで新幹線で移動することにします。B駅はA駅からC駅への中間地点です。ひとまず、B駅まで行けば後はタクシー移動も考えられる。そう思った矢先、乗り場を見ると普通電車が運行しています。運行の折り返し地点がB駅だったのです。つまり、現在、電車はA駅－B駅、B駅－C駅の間で運行しており、B駅で接続するという状況だったのです。

第Ⅱ部　仮説作りから仮説検証へ　49

こうしてＣ駅行きの普通電車に飛び乗るとＣ駅まで予定通りの時間で移動することができました。このとき、かかった金銭的コストは千円程度でした。

2.「課題」－「問い」がもつ特徴

　この事例は「課題」、そして「問い」について考えるうえで、いくつかの示唆を与えます。

　1つに、「課題」はある人にとって非常に具体的であり、その解決は喫緊の問題として提示されていることです。それに対して、「どのようにすれば世界平和になるのか」のような問いは、あまりにも漠然としすぎて手を付けにくいのです。

　まず、「課題」は具体性を帯びているということが重要です。「どのようにすればＡという国のＢという民族とＣという民族の文化的衝突を解決することができるのか」。先の漠然とした問いを適切なものに変換するなら、この程度の具体性がないといけません。

　同時に「課題」の特徴として、本人たちにとってその課題が課題足り得るもの、つまりそれを解決しなければ自分や誰かにとって非常に不利であったり、あるいは解決をしたら自分や誰かにとって利益が生まれたりする点があります。このような特徴がなければ、課題解決のモチベーションは生まれないでしょう。

　「文化の異なるＢという民族とＣという民族は同じＡという国に共存しているが、とくに問題は生じていない」。しかし、「文化が異なるというのはきっと何か問題があるだろうから、解決しないといけない」というのは、そもそも存在しないものを存在しているかのように取り上げているにすぎないのです。

　2つ目に「課題」は「問い」とペアを作っているという点です。先の「課題」には「Ａ駅からＣ駅までどのような方法で移動できるのか」という「問い」が付随していました。しかしこれは実際のところ、もう少し詳細に記述できるものなのです。

　つまり「大雨のなか、地盤が緩んでいるため、通常の方法が使えない状況で、Ａ駅からＣ駅まで時間通りに移動できる最適なルートは存在するのか」。問いに具体性を帯びさせるのは具体的な課題です。課題が明瞭であるなら、問いはより詳細なものになるでしょう。「問い」とは「課題」と相関的なものであり、「課題」－「問い」のペアが成り立ちます。

3.「仮説」とは何か

　さて、このような「課題」－「問い」に対応するのが「仮説」です。最初の事例では「A駅－B駅間を新幹線で、B駅－C駅間は普通電車で移動すれば、通常のA駅－C駅間と同じ時間で、千円程度の追加コストを払うだけで移動できる」というのが仮説です。「課題」が具体的であるなら、問いも具体的であり、その解決策である仮説も具体的なものになります。

　この「仮説」を「リサーチクエスチョン」と呼ぶ場合があります（2章のものとは別の意味）。福原[※]は自身の考えと医学者のスティーブン・ハリーの提案をもとに、よりよいリサーチクエスチョンの特徴を挙げています。ここではそれらを整理し、「仮説」の特徴と考えておきましょう。

※福原俊一（2008）『リサーチ・クエスチョンこの作り方』特定非営利活動法人　健康医療評価研究機構

- ・仮説の要件……研究したいことを宣言した文で、研究計画に必須の要素（対象、対象にどのような操作をするのか等）を含む。
- ・仮説の必要性……漠然とした疑問を研究可能なかたちにし、実行までに詰めるべき課題を洗い出す。
- ・仮説の意義……何を検証したいのかを明確にすることで、研究者自身が目的を明瞭にすることができ、他者とのコミュニケーションも容易になる。
- ・よい仮説の条件……仮説を検証すること（研究）が実施可能であり、おもしろく、倫理的に問題がなく、それをする切迫性（必要性）があること。

　先に示した「A駅－B駅間を新幹線で、B駅－C駅間は普通電車で移動すれば、通常のA駅－C駅間と同じ時間で、千円程度の追加コストを払うだけで移動できる」という仮説はたしかに研究＝検証したいことを宣言したものであり、検証に必要な要素が示され、実行可能なものとなり、自分にも他人にもわかりやすいものです。そして、この仮説は検証可能であり（実際にこの旅程が実行された）、倫理的な問題がなく、切迫性のあるものでした。

探究へ向かおう（2）──「課題」「問い」の導き方

自由に考えることはたくさんアイデアを出すこと

1．「課題」と「問い」を導く方法－ブレインストーミング

　調べ学習から仮説を導く際、「課題」の設定が必要になります。「課題」自体は調べ学習のなかである程度、明瞭になっているかと思います。たとえば、「太陽光発電」について調べたなら、学習者は太陽光発電がもつ問題点や課題について理解していることでしょう。そこで調べ学習でおぼろげにつかみ取ったこのような問題意識を言語化し、整理、吟味するためにも「課題」、そして、それに付随する「問い」を生み出す指導が必要となります。

　ここでは学習者に「課題」－「問い」を導かせるための原則として「ブレインストーミング」を紹介します。

　探究を指導するなかでの経験的な教訓は、一般的な学習者には「問い」を立てることはむずかしいということです。

「正解」を求めてしまう従来の学校教育のなかで、学習者には自由に考え、多くのアイデアを出す態度が身に付いていないと考えられます。アイデアをより多く出す方法、あるいは姿勢に「ブレインストーミング」と呼ばれるものがあります。この「ブレインストーミング」はKJ法を広めた川喜田二郎※によって紹介されたものです（もともとはアメリカで開発された手法です）。ブレインストーミングの基本的な原則は次のようなものです。※川喜田次郎（1967）『発想法』中公新書

> １．批判を禁ずる……他人の発言を決して批判してはならない。
> ２．量を求める……質のよいアイデアよりも多種多様で多数のアイデアを。
> ３．自由奔放……「こういうことをいったら、他人に笑われやしまいか」等という、いじけた、控えめな気持ちではなく、場合によってはどんな奇想天外にみえることでもいってみること。
> ４．結合……他人の発言を聞いて、それに刺激され、あるいは連想を働かせ、あるいは他人の意見に、さらに自分のアイデアを加えて、新しい意見として述べる。

　たとえば、調べ学習で「太陽光発電」について調べたグループに上記のブレインストーミングの原則を教え、「課題」－「問い」を時間を区切ってたくさん挙げさせ、黒板や大きな紙等に書き出させる。これだけで「課題」－「問い」を導く授業が成立します。

　基本的に、この原則は１つひとつのアイデアには批判や吟味を行わず、素直に出てきた問題意識を書き留めていくということを大切にしています。

２．リサーチクエスチョンについて

　このような原則を重視しながら「課題」－「問い」を書き出していきます。具体的手法は４章で議論するとして、ここではとくに仮説生成型探究における「問い」について考えてみましょう。

　「課題」から導かれた「問い」あるいは、「課題」とペアになった「問い」はどのようなものでしょうか。この「問い」は「仮説」を導くものです。つまり、「課題」は「問い」を生み、「問い」は「仮説」を導くのです。このような「問い」のことを「リ

サーチクエスチョン」と呼びます（1章のものとは別）。

「リサーチクエスチョン」が重視されるのは社会学や文化人類学等で地域やコミュニティに入り込み研究を行うフィールドリサーチの分野です。フィールドリサーチにおいて、研究者は地域やコミュニティに関する情報をフィールドに入る前の段階ではそれほど持ち合わせていないことがあります。こうなると、仮説を立てるにしても「まずは現場に入ってから」と考えることになるのですが、問題意識がないまま、現場に飛びこんでも何をすればよいのかわからず、研究者自身が困ってしまいます。そこで現場に入ったとき、どこを重点的に探索すればよいのか、研究者をリードするものとして「リサーチクエスチョン」が重視されたのです。

3. リサーチクエスチョンを探究指導に利用する

リサーチクエスチョンは仮説を作る作業においても十分に活用可能なものです。たとえば、「人類が火星に移住するため、どのような技術が必要になるのか」というリサーチクエスチョン＝問いを掲げたとします。そうすると、火星についての基礎的な情報や宇宙空間への移住方法等、さまざまな情報を考慮し「仮説」を生み出す必要が出てきます。すると、調べ学習で得た情報が再構成され、知識のネットワークが頭のなかでできあがっていきます。このとき、調べ学習というテーマに沿った調査は「リサーチクエスチョン」＝「問い」に沿った探究の道筋へと向かうのです。

「調べ学習から仮説作りへ」というプロセス、つまり、「課題」－「問い」を1から学習者が作るやり方はあくまでも探究における1つの理想的な道筋です。調べ学習の段階で指導する側がリサーチクエスチョン（「課題」－「問い」）を学習者に与え、学習者がそのクエスチョンにふさわしい情報を集めていくやり方もあります。

たとえば、「夏の教室の気温を下げるための低コストで行える対処法は何か」という「リサーチクエスチョン」を学習者に投げかけることで、学習者は調べ学習を通じてその対処法を考え、最終的に仮説としてその方法を提示する。このような調べ学習＝仮説生成型探究のあり方も存在するでしょう。また「問い」は学習者に考えてもらい、「課題」は教師が提示する方法もあります。

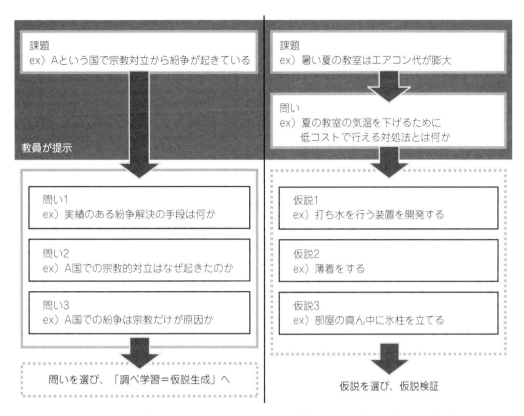

授業展開の例（左は「課題」を教師が提示、右は「課題」ー「問い」ともに教師が提示

探究へ向かおう（3）――単独型の仮説生成型探究

「仮説を作る」これだけで研究として価値をもつ分野も存在します

1. 仮説生成型探究の価値

　ここまで「仮説」を立て、それを検証することを念頭に話を進めてきました。このような探究のあり方を「仮説生成－検証型探究」と呼びましょう。一方で仮説を立てること、それ自体で完結する探究もあります。これを「単独型仮説生成型探究」と呼びましょう。

　昨今の探究はSSH（スーパーサイエンスハイスクール）等、理数系がリードしてきた経緯もあり、「探究は仮説を立てそれを実証するものである」という前提が支配的になっている側面もあります。

　しかし、大学や企業、市民社会での探究的な思考は必ずしも仮説検証だけではありません。仮説を導き、それを説得的なものとする作業も価値のある探究である。そう考える人もいます。つまり、単独型仮説生成型探究も価値ある営みとして存在

するのです。

　仮説を検証する。この作業は「仮説を作り出すプロセス」を想定しているはずです。たとえば、先行研究やさまざまな知識、体験をもとに課題を見つけ、問いを立て、どのような仮説が最適であるのか、考える。

　一般的な探究成果（ポスターやレポート）では（「問題設定（introduction）」という項目で仮説に関して簡単な解説をするものの）どのように仮説を作ったのかは明示しません。それは当然なことかもしれません。重要なのはその「仮説」が検証されたかどうかであるからです。こう考えると「仮説を作り出す」行為そのものはそれほど重要なものはでないように感じられるでしょう。仮説を作る＝仮説生成は仮説を検証する前段階であり、それ自身が自律したものと取り扱われないわけです。

　それでは、仮説を作り出すプロセスやその説明に比重をおいた研究は存在しないのでしょうか。じつは仮説を検証することに重きを置く理系でもそのような研究は存在します。

　たとえば、理論物理学はどうでしょうか。そこでは数学を駆使した高度な理論的地平での演繹作業によって、物理現象についての仮説を議論しています。理論物理学では、すでに実際の実験装置では検証できないような理論にまで研究の最前線が進んでいます。検証不可能な段階に至っては研究ではないと批判もあるのですが、それでも理論物理学は私たちの科学や世界に対する見方に影響力をもっています。

2. 文系の仮説生成型探究スタイル

　一方で文系の学問ではどうでしょうか。文系の学問ではこのような仮説を作り出す研究手法が採用されている場合が多いです。この文系学問の特徴は現場の探究指導においてすっかり見過ごされていることには注意したいところです。

　英語科のある教師とお話したときに出た話題です。英米文学や日本文学のアプローチと仮説検証型の探究では、そりが合わないというのです。仮説検証型探究のイメージに合わせて、それらしい仮説を立てアンケートを取って、それを確認するというのは、主流となる文学研究とは少し離れたものでしょう。

　文学研究における「この作品はこのように解釈できる」という評論はある仮説の提示と理解できます。たしかにそこには作品を引用しての「検証」的なものが含ま

れますが、科学的な手続きというよりも、あくまでも「仮説」に関する説明と理解できます。さらには「仮説を立てて検証する」という論理的プロセスではなく、ひらめきのなかで仮説が途中で変わってしまうことや、そもそもそれが本当に検証されているのか、実証されているのか微妙な部分も含まれることになります。

たとえば、ある作家の特徴を読み解く探究をする。作家の作品に共通するある特徴を見出した。では、この特徴＝仮説を実証しよう。文学作品の特徴を実験によって実証することは可能なのでしょうか。もちろん、その作家が存命中で、新作にその特徴が現れたならば、なんだか仮説が検証されたような気もします。しかし、それだとある作家の執筆パターン、つまり、作家の心理的パターンを検証したようにも思えます。問題となるのは文学作品としての共通性なのです。それはあるテキスト群のなかに共通するパターンの抽出であり、ある作家の作品群に対する1つの包括的な見方の提出であるべきです。

このことは地域研究にも共通する問題です。子どもたちがある地域に赴き、人々の生活や文化を記録し、最終的にそこがどのような地域であるかを明らかにする。

「この地域には〜という生活があり〜という文化がある」。子どもたちが最終的に示すこの考察（結論）はその地域に対する包括的な理解やひとつの解釈であり、ある種の仮説なのです。この探究では最初に「仮説」が提示され、それを検証する実験や観察が行われるわけではありません。むしろ、そこで行われる探究は仮説をひねり出す作業、あるいはある地域に対する包括的なモデルを作る、仮説生成やモデル生成の探究と理解することができます。

3. 「政策提言」も仮説生成型探究

SGH（スーパーグローバルハイスクール、国の研究指定校）等、最近はグローバル社会に対応する「グローバル人材」を作る目的で課題研究（探究）を行う学校が増えてきています。このような学校で行われている探究の多くは政策提言を含むものです。

社会にある課題をどのように解決すべきかという「問い」に対して「政策」をさまざまなデータをもとに構築して、提示をする。これも一種の仮説生成型探究でしょう。課題に対する解決策として「政策＝仮説」を提示するわけです。

しかし、このようなアプローチにおいては、学習者の発達段階からみて少し幼稚に思える探究成果になってしまうという声も聞きます。

　学校現場の限られた範囲の調査にもとづく知識、10代の限られた体験の範囲で作られる仮説のため、出てくる仮説がある程度、決まってしまうのです。インターネットで探った情報や書籍からフレーズを切り取って、「それらしいこと」を示せば、それらしくまとまるわけです。とくに政策提言においては、斬新なアイデアよりも多くの人が共感するところ（説得的に理解できるところ）に落ち着くことが多くなるのでなおさらです。

　仮説生成型探究において重要な観点は、仮説生成型探究がある課題に対する解決策の提示であること、あるいはある対象についてのモデルの提示であることです。それは相手（聴き手や読み手）に対して自分の仮説が価値のあるものだと説得を試みることなのです。

　もちろん、仮説検証型探究も「説得」という側面をもちますが、直接的なデータでもって説得するという点で、仮説生成型探究よりも説得しやすい構造があるでしょう。仮説生成型探究は、あたりに散らばる情報をもとに、パッチワークで作られたものなのです。材料の選び方や組み立て方がうまくいかなければ、仮説は説得的なものにならないため、情報の取捨選択や論理性、そして見せ方が試されるのです。結局のところ、仮説生成は一種の論証・説得を実践する学習活動なのです。

第Ⅱ部 4章
「調べ学習」から「仮説生成」へ（1）
―― 「問題設定」を作る

「仮説生成」へのステップでは頭の切り替えが大切になるよ

1．「課題」－「問い」を作るアプローチ

　さて、ここからは実際に調べ学習を終えた学習者を仮説生成に導くアプローチについて考えてみましょう。

　調べ学習を終えた学習者はテーマに関する知識や興味関心、そして問題意識をある程度もっていると考えられます。「課題」や「問い」は仮説検証型探究につながる部分ですから、この段階で自分たちがどこまでの活動をするのかを、先輩や他校の探究成果（ポスターやレポート）を見せて確認させるとよいでしょう。

　そのうえで、そこに至るステップとして、「課題」や「問い」とは何か、「ブレインストーミング」の原則等、自由闊達なアイデアの出し方を教えます。

　ここから具体的な展開です。まずこれまで調べてきたテーマについてどのような「課題」があるのか、調べていてどのような「問い」が湧き上がったのか、書き出

すように指示を出します。この時点では「課題」と「問い」は明確に分けなくてもよいでしょう。個人であるなら規定の個数を求めます。グループなら、まずは個人で規定の個数を、さらにグループでシェアして類似したもの同士を整理させます。

「課題」や「問い」が（テーマにもよりますが）10から15程度になったら、「課題」と「問い」に分類し、不足している分の追記を行い、「課題」－「問い」のペアを作ります。このとき、模造紙やホワイトボードを使うと便利です。「課題」には「問い」を、「問い」には「課題」を考えます。たとえば、「現状の太陽光パネルの発電効率の低さ」が「課題」であるなら、「太陽光パネルの発電効率を上げるためにはどうすればよいのか」という「問い」を、「私たちが住む○○町は江戸時代、どのような地域だったのか」という「問い」があるなら、「私たちは○○町に住んでいるが、過去、どのような地域だったのかほとんど知らない」という「課題」を作っていきます。

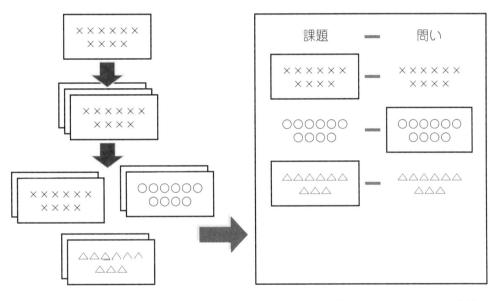

「課題」－「問い」を書き出し、整理（左）　　「課題」・「問い」のペアを作る（右）

2.「課題」－「問い」の吟味

「課題」と「問い」の組み合わせを作り、改めてそれを吟味します。

たとえば、先に示した「現状の太陽光パネルの発電効率の低さ」という課題について、太陽光パネルの発電効率が低いとは何と比べて低いのか。低いことが本当に

悪いことなのか。その低さは改良の余地があるのか。「太陽光パネルの発電効率を上げるためにはどうすればよいのか」という問いはすでに誰かによって答えられていないか。つまり、発電効率を上げる方法がすでにいくつも存在するのではないか。それらにどのような問題点があるのか。

同じく先に示した「私たちは○○町に住んでいるが、過去、どのような地域だったのかほとんど知らない」という課題について、それは本当に「課題」足り得るのか。「私たちが知らない」ことに差し迫った問題があるのか。それなら「○○町の江戸時代の様子は誰も調べたことがない」という「課題」にしたほうがよいのではないか。そうなるとその「課題」は本当に存在するのか。じつはすでに「○○町の江戸時代の様子」は調べられていて、単に調べ学習で調べ足りていなかったのではないか。

このような吟味の作業はそれを「課題」だと思い、「問い」を立てた学習者の知識や論理性を問うものになります。グループでの探究ならこのような作業は対話的な学びを促進するものになるでしょう。個人の場合やグループ内でも活発な意見交換が生まれない場合はどうすればよいでしょうか。教師がこのような吟味を個別対応として行うのもよいでしょう。人数が多ければ学習者同士の交流のなかで解消しないといけません。そのときはポスターセッションの要領で、隣の席同士、あるいは別のグループ同士でどのような「課題」－「問い」を考えたのか披露しあい、それぞれの「課題」－「問い」について議論をしていきます。前提知識がないということは比較的中立的な視点で「課題」－「問い」について考えてくれる可能性が高いです。

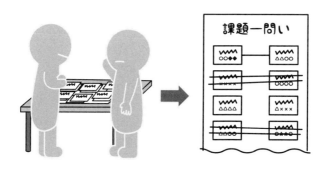

第三者との対話を通して残すべきペアを吟味する

10 〜 15 個だった「課題」や「問い」がここまでの段階で 1 〜 3 個に収束しているとよいでしょう。ここまでの道のりで不適と判断された「課題」、「問い」は捨てていき、うまく整合性の取れた「課題」−「問い」のペアを残していきます。最終的に 1 つの「課題」−「問い」に絞り込みますが、この後のプロセスでうまくいかない、たとえば「仮説」が導けない等の問題に直面したときのため、複数の「課題」−「問い」を残しておいてもよいでしょう。

3. 問題設定を作る

「課題」−「問い」が洗練されていくと、それをパッケージにしていく作業になります。これが「問題設定」作りです。

一般的に「問題設定」は先行研究や社会状況等の記述を含むものになります。ここまで「課題」−「問い」を吟味してきましたが、それは課題の明確化であり、同時にその課題の評価も含むものでした。

たとえば、「現状の太陽光パネルの発電効率の低さ」という課題が残ったなら、この問題がどれだけ重要なことであるのか。それを解決することがどうして必要であるのか。その技術的社会的背景について説明するのが「問題設定」なのです。

その説明のためには調べ学習で調べたさまざまな情報が役に立つでしょう。また、「課題」−「問い」を吟味するなかで出た議論も利用することができます。ただし、仮説生成型探究の場合、「問題設定」に情報を書きすぎると後で書く内容がなくなります。ここでの「問題設定」は「課題」の価値に焦点を絞って書く必要があります（この課題はどれだけ切迫して重要なものかを説明するのです）。それは調べ学習における「テーマとその動機」よりも、より切迫したものになるでしょう。

「調べ学習」から「仮説生成」へ（2）
―― 「仮説」を作る

仮説は対話だけでなく調査からも作れます

1. 仮説生成、仮説検証、それぞれの授業展開

　調べ学習の指導では文理でそれほど大きな違いは生じてはいません。しかし、実際の仮説生成・検証になると文系・理系で分かれたほうが指導はしやすいと思われます。3章で示したように、文系では単独型仮説生成型探究が、理系では仮説生成－検証型探究が優位であり、そのため、授業展開も変わるからです。

　調べ学習の後には、単独型仮説生成型探究と仮説生成－検証型探究、それぞれ異なるアプローチが考えられます。前者は、これまで調べてきた内容にプラスして新しい情報を収集し、仮説を説得的なものにします。新しい情報を収集するために資料探しやインタビュー調査、フィールドリサーチを行うことになるでしょう。

　他方で後者の仮説生成－検証型探究では、まずは「課題」－「問い」のペアからなる「問題設定」を念頭に、これまで調べてきた内容をもとに「仮説」を作り出し

ます。ここで、ポスターを作り直してもよいでしょう。あるいは簡単なワークシートを作ってもよいです。「問い」に対して「仮説」をブレインストーミングの要領で考え出し、列挙し、検証しうるものを選ぶ作業です。仮説生成の段階で整理された内容は、仮説検証の段階ではそのまま「問題設定」として活用されます。つまり、このような「課題」があり「問い」が考え出され、それに対応する「仮説」はこれで、それはこのように検証する価値がある、というものです。

　単独型仮説生成型探究と仮説生成－検証型探究を同時に別クラスで実践し、後者が仮説生成段階で発表活動を入れる場合、前者では中間発表会を行うとよいでしょう。

　授業の段取りとしては次のようにチャート化することができます。

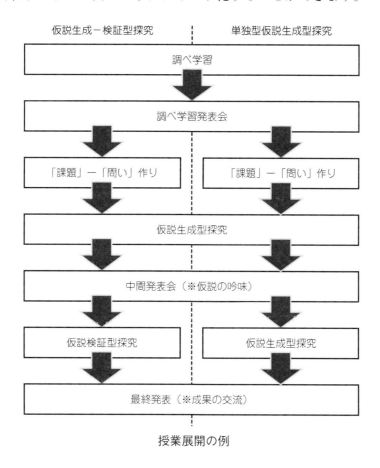

授業展開の例

2．「仮説作り」のための方法論

単独型仮説生成型探究と仮説生成－検証型探究、両者に共通するオーソドクスな仮説作りの手順としては次のようになります。

（1）「課題」－「問い」の「問題設定」ペアを作成する。

（2）このペアに合った「仮説」、つまり「問い」に応えうる解決策を考える。

（3）仮説＝解決策を考えると同時に、必要な情報を再収集する。

（4）考えられる仮説＝解決策を列挙する。

（5）そのなかからもっともらしい仮説＝解決策を選び、集めた情報からその仮説＝解決策を選んだ理由を示す。

単独型仮説生成型探究の場合は（3）の情報再収集を重視するものであると理解できます。たとえば、ある学習者は「私たちが住むA町」についての調べ学習から出発した。調べ学習のなかでA町の江戸時代の様子についてあまり知られていないことがわかった（これが「課題」です）。そこで「私たちが住むA町は江戸時代、どのような地域だったのか」という「問い」を立てた。この問いに答えるための仮説は手持ちの資料では導けない。そうなると学習者は町の図書館等でA町の江戸時代の様子がわかる資料を探したり、古くからA町に住む古老に聞き取り調査を行ったりすることになるでしょう。このような作業に多くの時間が使われると理解できます。

他方で仮説生成－検証型探究では（3）は案外、簡単に行えることが多いのです。「太陽光パネルの発電効率を上げるためにはどうすればよいのか」という問いに考えられる仮説＝解決策は、太陽光パネルの内部構造か設置環境に依存することになります。つまり、太陽光発電に関わる要素を変えれば発電量が変わるのです。これは7章に示すような「変数」の操作なのです。ある自然現象や工学現象の仕組みを理解すること、そのような調べ学習は関係している変数を学ぶことになるのです。そう考えると、調べ学習の段階で、変数が同定できるため、仮説生成が簡単に行えることになるのです。

3．手続き的な仮説生成

　実験やアンケートというと、仮説検証で用いるイメージがあります。一方でこれらを仮説作りのために用いることがあります。これは「予備実験」や「予備調査」と言われるものです。

　たとえば、ある学習者が高校生におけるストレス解消方法について調べるとします。まず、その学習者はどのようなストレス解消法があるのか、仮説となりうるものを考えます。仮説を考えるためにはさまざまな材料を集めます。インターネットや書籍に書かれたストレス解消法も参考になるでしょう。しかし、それでは実際に高校生が利用可能であるのかは判断ができません。

　そこで実際に同級生にアンケート調査＝簡単な聞き取り調査を行うことにしました。聞き取り調査を行えば、高校生が日常で用いているストレス解消法が明らかになります。ただ、これは予備調査用に集めたデータであって、それらが高校生全体を代表しているわけではないことに注意しておかなければいけません。あくまでも「仮説」を作るための調査でしかないのです。

　こうして、集められた高校生のストレス解消法から学習者は任意で「これだ！」というものを選び、実験でそれが高校生のストレスを解消するのに利用できるのか検証するのです。

　このように、仮説は自分たちの頭のなかで考えるだけでなく手続き的に作り出すことも可能です。

第Ⅱ部 6章 人文社会系探究の方法論

文学研究や地域研究……人文社会学の探究も興味深いよ

1. 文社系の探究

　人文社会系の探究は単独型仮説生成型探究が主なものです。文学研究や地域研究では作品の解釈やその地域の特徴を、資料をもとに仮説として提示するわけです。その一方で、アンケート調査等は仮説を提示して検証する、仮説生成―検証型探究で利用する場合もあります。人文学系の探究なら、単独型仮説生成型探究、つまり、「解釈」を重視したアプローチを取ることが多いですが、社会科学系の探究であるなら、仮説生成―検証型探究を行うこともあるでしょう。

　人文社会系探究は多様なアプローチのなかで人間や社会、文化を理解する非常に興味深い学習の機会です。ただし、校外での発表大会が理数系ほど多くなく、現状では発表の場が限られてしまいますが、今後、入試改革等で探究が社会的に重要になってくるにつれ、発表や交流の場が増えていく可能性もあります。

２．資料をもとにした研究

　まず、「資料研究」というアプローチです。これは「歴史研究」から「文学研究」、「政策科学分析」まで幅広く有効なアプローチで、文字通り「資料」を利用したものです。

　資料研究を行うためにはインターネットや図書館等のデータベースを活用することが大切です。そして、そのなかで出てきた資料をよく読み、さらに新しい資料を検討するプロセスが重要です。

　資料には「一次資料」と「二次資料」があります。

一次資料、二次資料について

	一次資（史）料	二次資（史）料
説明	ある事象に関しての直接的な資料。あるいは、ある歴史的な出来事に関する同時代の直接的な史料。	一次資（史）料をもとに作成された資（史）料。一次資（史）料を引用している場合が多い。
例	・ 行政の発表する統計資料 ・ 収集されたアンケートデータ ・ ある人物が残した日記 ・ ある事件についての裁判記録	・ 統計資料をもとに書かれた雑誌の解説記事 ・ アンケートをもとにした論文 ・ 残された日記を再構成して書かれたある人の伝記 ・ 裁判資料をもとに書かれたある事件についての新聞記事

※事象が何かによって一次、二次は変わる。たとえば、ある事件についての語られ方を分析する際、「裁判資料をもとに書かれたある事件についての新聞記事」は一次資（史）料と考えられる。

　たとえば、明治時代のある事件について調べる探究をしているとします。その事件についての証拠品（捜査資料等の一次資料）がない場合、その事件を詳しく報じている新聞や雑誌が二次資料とはいえ重要な価値をもつものになります。

　また、当時を知る人物の「聞き取り調査」も価値をもちます。ただし、これは現在から過去を振り返っているものなので、信憑性は間接的に他の資料によって担保されないといけません。つまり、聞き取り調査で得られた情報＋二次資料や状況証拠等、証拠を合わせることで信憑性を高めるのです。このような聞き取り調査は「オーラルヒストリー」等といわれ、聞き取り調査中の音声を録音し、その内容を書き出してから分析する等の具体的な手法が編み出されています。

　政策科学等での一次資料となると、統計資料や統計する以前の「ローデータ」が重要になるでしょう。ウェブで公開されている各種統計資料が使えます。

統計資料データベースの一例

統計サイト	総務省統計局「統計データ」	日本銀行「統計」	国連データポータル（英語）
含まれるデータ	国勢調査、人口推計、労働力調査、家計調査、消費者物価指数等 日本統計年鑑、日本の統計、世界の統計等の総合統計書	日本銀行関連統計、各種マーケット関連統計、民間金融機関の資産・負債、預金・貸出関連統計、短観、物価関連統計、国際収支・貿易関連統計等	各国のGDP、石油、貿易、雇用、平均余命、賃金、財産等
URL	http://www.stat.go.jp/data/index.htm	http://www.boj.or.jp/statistics/index.htm/	http://data.un.org
備考	（こども用→なるほど統計学園 http://www.stat.go.jp/naruhodo/index.htm ）		

※インターネットにて最新統計を入手することが可能。
　調べたいことをどの官庁が管轄しているのか調べ、その官庁ウェブサイトを探せば見つかることが多い。

3. インタビューとアンケート

　次にインタビュー調査とアンケート調査についてです。ともにある集団の意識調査等に用いられる手法です。

　このアプローチを取る際には事前に目的を確認する必要があります。たとえば、ある街の景観保護について住民に意識調査を行うなら、インタビュー調査として個々人に話を聞くよりもアンケート調査をして全体に調査を行うほうがよいと考えられます。一方で、その街の景観保護についての活動を行っている人たちがどのような思いでその活動をしているのか知りたければ、インタビュー調査を行うとよいでしょう。

　アンケート調査は基本的に「マス」（多数）を対象にするものです。つまり、たくさんの人たち、あるいはある集団の意識や考え方を明らかにするものです。そのなかでも特定の人たち、とくに個々人にフォーカスを当てる場合はインタビューを行うほうがよいわけです。より詳細に内容を理解することができるからです。

　もちろん、多くの人たちを対象にしたインタビュー調査もあります。アンケートでは先にこちらが考えた質問項目に沿ってしか質問ができません。比較的柔軟に対応できるインタビューのほうがアンケート調査よりきめ細やかな質問ができます。

　ただ、インタビューでも質問項目について事前に「これを聞く」と決めておくこ

ともあります。これは構造化インタビューといってインタビューをする調査者（インタビュワー）が複数人いる場合に用いるとよいでしょう。データを均質にするために複数人のインタビュワー同士で質問すべき内容について事前に揃えておく必要があります。

　一方で、インタビュワーが少人数で、インタビュー場面で沸いてくる疑問や興味関心を重視するやり方として、半構造化インタビューというのもあります。質問項目等はそれほど固く決めておかず、あくまでもその場で柔軟に質問をぶつけていくやり方です。

インタビューの種類と説明

インタビューの種類	説明
構造化インタビュー	質問する項目を事前に決めておいて順々に質問し解答を記述する。基本的に大人数で調査するときに使用することが多い。
半構造化インタビュー	質問項目を事前に決めつつ、インタビューが進むなかで予定していた項目以外の質疑応答も行う。想定していたこと以外の新しい発見を促す調査方法。
非構造化インタビュー	質問項目を事前に決めず、簡単なリサーリクエスチョンや顕在化された興味関心にもとづき、対話をしながら相手の言葉を引き出していく方法。
グループインタビュー	似たような属性のグループを対象にインタビュワーが司会をしながら、それぞれの語り手同士の対話を促したり、質問をしたりしながら展開する方法。

4. フィールドリサーチ

　学校現場でポピュラーな探究方法として「フィールドリサーチ」があります。これは「実地調査」と呼ばれるものです。商店街の活性化に向けた政策提言のために実際にある商店街に調査を行う。このようなアプローチです。このなかにはインタビュー調査も含まれています。この場合、半構造化インタビューに近い形式であり、日常会話のなかから情報を提供してもらうという考え方で行われます。

　このとき、インタビューをする対象のことを情報提供者ということがあります。フィールドリサーチを行うなかでは「リサーチクエスチョン」をもつことが重要になります。たとえば、商店街活性化に向けた調査なら、「この商店街はどのような特徴（長所や短所）をもっているのか」、「商業的な意味での強みは何か」等々、複

数に渡るでしょう。

　フィールドリサーチをする際は「フィールドノート」をつける必要があります。フィールドノートには、「何月何日（日付や時間）」、「どこで（場所）」、「誰に（情報提供者）」、「何を聞いたのか（得られた情報）」、あるいは「何を見たのか（目撃した出来事）」を書き記します。

　フィールドリサーチは何度もその現場に足を運ぶことが理想的です。足を運ぶ回数は多ければ多いほどよいのですが、目安としては新しい気づきや発見がなくなる段階、あるいは自分の知りたいことが十分に理解できたと思った段階で一旦切りあげるとよいでしょう。このように考えると、学校の授業では、なるべく身近にフィールドを設定するとよいと考えられます。また、授業外にそのフィールドに足を運ぶように指導することも重要です。

　ただ、フィールドとなる相手先と学校との関係性や学校内での理解等を考えると授業時間中に教師の指導のもとで行うフィールドリサーチが多くなります。修学旅行を活用した探究でも、限られた時間しかフィールドリサーチができない場合があります。これらの場合は事前にどのようなことを調査するのかリサーチクエスチョンや調べるべき項目を挙げて、それをしらみつぶしにしていくようなやり方で調査を行うしかありません。

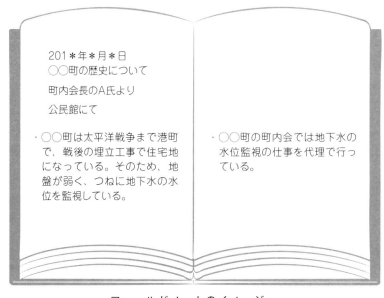

フィールドノートのイメージ

7章 理数系探究の方法論 ──「変数」の重要性

実験の成否を握るのも「変数」の選び方次第

1．理数系探究の基本は「変数」

　理数系探究に関しては大学等の研究者がさまざまな書籍・教材を提供しており、指導をするうえでは文社系探究よりもやりやすい状況があります。ここでは理数系探究の基本的な考え方、研究の骨組みを提示したいと思います。

　理数系の探究において基本となる考え方に「変数」というものがあります。

　$y = ax$ という一次方程式を思い出してみましょう。この a という数字は「定数」と呼ばれます。定数、つまり、変化しない決まった値です。それに対して x が「変数」と呼ばれます。変数は文字通り変化する値のことです。先の式においては x が変化することにより y という結果が変わります。そういう意味では y もまた変数（変化する値）なのです。

　この x と y にはどのような性質があるのでしょうか。

実験系の研究者が「独立変数」と「従属変数」という言葉を用いることがあります。$y=ax$ の式で x にしか任意の値を入れられない場合、独立変数は x となります。x が変化することで y が従属的に変化するのです。そう考えるとこの式での従属変数は y です。x が変われば y が変化する。x に対して y は従属的なものになります。

それでは a は何になるでしょうか。これは研究によって異なってきますが、x という変化する値に対して a は変化しないものです。たとえば、ある薬をマウスに投与してその変化を見る実験の場合、x は「ある薬」、それに対して「マウスの変化」が y にあたり、「マウス」が a、つまり定数になります。

「マウス」×「ある薬」＝「マウスの変化」

薬の効果を観察するときには、そこで得られる結果はあくまでも定数である「マウス」の生体構造に依存してしまいます。「ある薬」を「マウス」に投与した際、マウスが苦しんで死んだ（「マウスの変化」）とします。これは「ある薬」のせいでしょうか。もしかしたら「マウス」が今まさに薬とは無関係に寿命を迎えただけかもしれません。この可能性を否定するために「マウス」の数を増やして「マウス」の個別性を相殺する。このような考えから、実験回数（試行数）を増やす重要性が理解できます。

加えてこの実験はあくまでも a を「マウス」と見立てています。「マウス」のガンが「ある薬」を投与することで「治る」とする。では、同じ薬を人間にも投与して同じ効果が見込めるのか。それはわかりません。なぜなら、「人間」と「マウス」が同じ生物ではないからです。つまり、同じ a ではないのです。

しかしながら、「人間」は「カマキリ」よりは「マウス」のほうが近い。同じ a ではないものの、哺乳類として近似している。だから、マウスで生じた変化から人間にも同じ変化が起きるかもしれないと推測できる。こういう動物を「モデル動物」と呼びます。

2.「変数」の統制と「現実」での観察

「変数」を操作することで研究計画を作ることができます。つまり、ある「変数」

を A に与えると B という変化が起きるかどうか、を検証する。これで十分に探究となるのです。

しかし、事はそう簡単にすみません。本当にその「変数」だけが A に与えられているのか、ということが問題になってきます。

たとえば、あるヒーリングミュージックが学習効果を促すのかという実験を考えてみましょう。最初に実験協力者に簡単な計算テストを受けてもらいます。その後、ヒーリングミュージックを聴いてもらい、もう一度、同じテストを受けてもらいます。

こうして得られたプレ・データ（投与前）とポスト・データ（投与後）を比較して、点数が伸びたかどうかを検討します。点数は伸びていました。この音楽は学力向上に効果があると認められました！

これで実験が十分に行われたと思われるかもしれません。しかし、本当にこれでよいのでしょうか。じつはテスト慣れして2回目のテストで高得点を取ったのではないか。あるいは2回目のテストの際に出題者の表情の変化から回答を読み取ったのではないか。このような疑惑をもたれることもあるかもしれません。

先の式では、y=ax という構図でしたが、実際の実験では y=abcdef…x という実験者が予期していない変数が入ってくる可能性がつねにあるのです。それはテスト慣れであったり、実験者の表情であったり、さまざまな変数です。

このような余分な変数を除外するためにはどうすればよいのでしょうか。1つは実験を行う際、実験室の環境や実験者の行動等の手順を事前に確認し、余分なものが入り込まないように制御することです。

そして、もう1つ、（これは理科の教科書にも載っているのですが）、対照実験という方法があります。方法は、予定している「変数」を与える「実験群」に対して、「変数」以外すべての実験条件を同じにした「統制群」を作り、実験を行うというシンプルなものです。両者を比較することで、純粋に「変数」の効果だけを見ることができるのです。

先の式でいえば、y=abcdefx と y=abcdef を比較するということです。変数 x 以外の条件が同じであるなら、x がない実験結果と比較することで実験に係る諸々の余分な変数を相殺することができる、というわけです。

他方で、これら余分な変数をあえて残して実験や観察を行う場合があります。私たちの生活場面では複数の変数が同時に絡み合い、さまざまな出来事（結果）に影

響を与えます。

このような複数の変数が存在する状況下で結果がどのように変わっていくのかを検討するためには現実場面での観察や実験が必要になります。たとえば、Aという地域の植生観察、もっと身近な例を挙げれば授業で眠くならない方法の実験等は変数を統制した実験環境で行うよりも現実の学校生活で観察や実験を行うのが適当となるでしょう。

3. 統計を使おう

実験におけるプレ－ポストテスト、そして、実験群と統制群の比較、あるいはアンケート分析のための群間比較等に統計の手法を用いることがあります。データの特性を理解するために平均や分散等の基礎統計を取ることもあります。

統計に関しては数学で習う部分もありますし、簡単な入門書もあります。高度な統計処理を無料で行えるソフトも存在します。ただ、中高生が行う統計処理としては統計知識や手法の習得はハードルが高いかもしれません。

手軽なものとしては Microsoft Office の Excel を使った簡単な統計処理があります。高校数学でも習う相関係数を求めることもできますし、2群間の差に有意差があるかを検定する t 検定もできます。また、多くの高校探究で行われているのですが標準誤差を出すことも可能です。さらに複雑な統計処理を手軽に行えるウェブサービスもあります。

統計処理のためのツール例

各種ツール	解説
Microsoft Office「Excel」	学校等のパソコンにも搭載されていることが多い。平均値、中央値、最頻値等の基本的な統計処理から相関分析や標準偏差、標準誤差の計算ができる。
「R」 (The Comprehensive R Archive Network https://cran.r-project.org/)	フリーソフトで利用ができ、大学の研究者も使用することが多い。ただし、コマンドライン操作が基本となるため、ソフトの利用方法をある程度熟知し、教えられる指導者でないと利用しにくい。
ウェブサイト「js-STAR」 （公式サイト：js-STAR 2012 - KISNET http://www.kisnet.or.jp/nappa/software/star/）	教育心理学者の田中敏が開発しているオンライン統計サイト。相関分析はもとより、t検定やχ二乗検定、分散分析等、データ処理に必要な統計処理は揃っている。

統計処理を行うとデータの処理や結果の読み方がわかりやすくなります。差が
あってもそれが偶然的なものかどうかを検討するには統計処理が必要になるでしょ
う。統計処理について学びが深まれば、学習者はどれくらい試行回数の実験や観察
を行えばよいのか、考えを巡らすことができます。

　ただ、統計処理に関しては各分野でその基準が異なっていたり、十分に理解して
指導できる教師が少なかったりする現状があります。きちんとした統計処理を行う
探究をするのは学習者にも、指導者にも挑戦的な側面が強いと考えられるのです。

　理数系探究アプローチには、ほかにもさまざまなものが存在します。それについ
ては右記一覧をご覧ください。これらのなかには単純な「変数」操作では捉えられ
ない、独特な研究モデルのものもあるのですが、それらについてはまた別の機会に
ご説明できたらと思います。

理数系探究のいろいろ

系列	探究例
物理・工学系	・微小重力下での物理現象の解明 ・ペットボトルロケットの開発と改良
生物系	・異なる条件下での植物の成長実験 ・ある河川の環境調査
化学系	・身近な素材でのバイオエタノールの生成 ・太陽光パネルの効率向上の素材研究
地学系	・彗星のスペクトル分析 ・台地の形成と水路の関係性の研究
数学・情報系	・魔法陣やハノイの塔等の数学パズルの証明や特徴の解析 ・和算の翻訳と現代数学での証明 ・Microsoft Excelを利用した災害シミュレーション

探究の水準 ——どの程度、学びを深め、展開させるか

探究で賞をとる……その影にはたくさんの苦労が

1. 探究の水準とは

　単独型仮説生成型探究、あるいは仮説生成－検証型探究を進めていくうちに「どの程度」、探究を深めていくのか、その「程度」を考えていくことになります。

　さまざまな探究成果を見ていると（それぞれの学校で、それぞれの学習者が最大限の努力をしているわけですが）、やはり、レベル（水準）の違いが見えてきます。それはこの「どの程度」という部分が大きく関係しています。

　学校外での発表について自校のレベルを憂慮して、ためらう教師も多いようです。どのようなものが発表にふさわしいのか、あるいはどのようなものが校外発表しても問題ないのか、基準は不明瞭です。イレギュラーなことが多いので「これが決定版」とはいえないのですが、あくまでも参考として探究のハードル（レベル）を示したいと思います。

探究の水準

2.「調べ学習」と「探究」の間

あるテーマに沿って情報を調べ、それを要領よくまとめる。いわゆる「調べ学習」に関しては、やはり探究とは一線を画したものと理解したほうがよいでしょう。しかし、それは本書で示したように「探究」の一歩として重要です。つまり、調べ学習は探究の初歩段階と捉えられるのです。

探究の水準に乗るためには「仮説」を作るという作業が必要です。それはここまで見てきたように難しい話ではありません。調べてきた内容を「課題」－「問い」のペアに沿って再編成し、最後の考察で「仮説」を提示するだけでも、単なる調べ学習から一歩前進することができます。

この「調べ学習」と「探究」の差は情報の組織の仕方、ネットワークの作り方の違いといえるでしょう。調べ学習の成果が情報を理解しやすいように整理したネットワークであるなら、探究の成果は情報をある「問題意識」のもとに整理し、「課題」と「問い」を明確にしたうえで「仮説」を導く、「洞察」のプロセスを可視化したものと理解できるのです。

3. 学校外に飛び出そう

さて、探究の水準に至ったなら、校内、そして、校外の発表へと展開したいところです。

校外の発表会にもいくつかの水準、大会によって「敷居の高さ」と呼べるものが

違う場合があります。探究（課題研究）に力を入れている学校が主催して近隣の学校に呼びかける発表大会もあれば、民間企業が行う科学探究の発表大会、学術協会が研究発表大会に併設する生徒向けの発表セッション等さまざまです。

これらは後者になるほどより敷居が高くなってきます。理系の場合、仮説生成型探究だけで、学術協会のセッションに参加することはなかなか勇気がいるものです。理系の研究者たちは自分たちで検証データを取っていないものに関して「研究」とみなさない場合があるのです。ただ、規模が大きく、お祭り的な大会であるなら、より高度な情報を詰め込んだ仮説生成型探究を発表するのもよいかもしれません。一方で学校主催の発表大会や、レベルの高い仮説生成型探究であるならば民間企業が行う科学探究発表大会でも気軽に発表することが可能でしょう。ここでいう「高度な情報を詰め込んだ」とか「レベルの高い」とかは、学術論文を読み込んだり、最新の知識を理解したりしたうえで行う仮説生成型探究を指します。仮説生成型探究において、そこで行われる議論や用いられた情報が高度であること、これが校外発表の水準を超える最低限の条件となるでしょう。

ただし、これは仮説生成－検証型探究の場合です。単独型仮説生成型探究の場合は一次資料を用いていることがこの条件と理解すればよいでしょう。もちろんそうなると情報量も必要になりますが、探究内容によってケースバイケースなので一概にこれだというハードルは設けにくいのです。

4．賞レース水準とは

最後のハードルは、（少し生臭いのですが）賞レースに乗るか乗らないかというものです。「賞レース」というのは校外の発表大会で賞をとれるかどうかです。これ自体、教育的な意味があるかどうか考えものですが、進学や学校の実績という点を考えればそれなりに意味のある基準として理解できます。

経験的な理解では「賞レース」に乗る条件は仮説検証を行っていることが基本です。もちろん、歴史研究や文学研究の生徒コンクールであるならば単独型仮説生成型探究でも賞はとれるでしょう。ただ、多くの探究コンクールは理数系であるため、実際に賞をとるのは理数系の仮説検証型探究なのです。

とはいえ、ある仮説を検証したからといって賞をとれるわけではありません。仮

説検証型探究にはいくつかの種類ないしは水準があります。1つの仮説を検証するために1つの実験（対照実験）を行う「1研究1試行」の段階があります。先に示したように1試行だけではたまたまそうなっただけかもしれません。実験を繰り返すことで（あるいは実験協力者を増やすことで）結果の信憑性が高まります。アンケート調査等であれば少人数のアンケートではなく、100人や200人という大規模アンケートを行う必要が考えられるわけです。このような「1研究多試行」が得られた結果の信憑性を高めるわけです。

　しかしながら、これでもまだ、賞レースには引っかからないかもしれません。多くの探究成果のなかで際立つものは1枚のポスターに複数の仮説が提示され検証されているものです。

　それは最初の仮説検証のなかで発見された新たな仮説を検証することによって成り立つもの、すなわち複数研究を行っているものなのです。そして、多くの場合、そのような研究は多試行です。つまり、「多研究多試行」が「賞レース」の水準と考えることができます。

　ほかにも長年、学校内で継続されている研究も評価されることがあります。これはある「課題」に対してさまざまな側面からアプローチを行っている探究です（たとえば、地域特産の農作物をテーマにしたさまざまな角度からの探究）。

　とはいえ、実際は「1研究多試行」であっても賞をとることがあり、それぞれのコンクールの審査員の審査方針に左右されることがあるので、結局なところ、ここで示した水準は単なる参考にすぎないと考えてください。

第Ⅱ部　仮説作りから仮説検証へ　81

コラム
「探究」をどのように評価するか

　「探究」をどのように評価するのか。「あなたは探究を通じて、自分自身の成長を実感しますか」というようなアンケートを用いた間接評価のほかに「パフォーマンス評価」といって、学習者の成果を直接評価する方法も研究が進んできました。

　私は現場の先生方とともに「IBL ユースカンファレンス」という探究の成果交流・発表大会を開催しているのですが、そこでも探究成果の審査・評価を行っています。このイベントでポスター発表に対して実際に利用している評価基準を簡単に示しておきます。

（1）探究成果について…
　　・「問題設定」の説得性（自分たちの探究の価値を説明できているか）
　　・「方法」や「結果」、「考察」の論理性（筋道が通っているか）
　　・探究の総合性（多角的な議論・研究が行われているか）
（2）ポスターの形式について…
　　・視認性（見やすいか）
　　・適切性（適切なデータ・議論が可視化されているか）
（3）発表態度に関して…
　　・積極性（聴衆に対して十分に働きかけているか）

　以上を4段階で評価するのです。これはあくまでも参考ですが、各学校の教育目標や学習指導要領を参考に、それぞれの現場で運用しやすい評価基準を作り上げていくことが大切です。

第Ⅲ部 成果をまとめ、進路につなげ、探究を広めよう

■「探究的な学習」を行い、成果が出た。さて、あとは何をする？

　ここでは探究的な学習の成果のまとめ方としてポスター作り、さらにそのポスターをもとにした校内発表大会の段取り、校外発表大会の勧め、探究後の「振り返り」と進路への接続、さらに学習活動としてどのように学校に根付かせるのかという、探究以後の活動について検討しています。

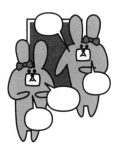

探究成果の発表とその後の展開

成果が出た後も、まだまだやることはあるよ

1．探究成果の発表方法－重用されるポスター&口頭発表

　仮説づくりや検証等探究が進むにつれ、調べ学習と同じく、ポスターセッションないしは口頭発表として成果をまとめたいと思います。ただ、これらの発表が最終的な学習の到達点であるわけではありません。もともと、ポスターセッションや口頭発表はレポートや論文を書く前の中間報告として、ある程度できあがった探究成果を他者に評価してもらい、気づかなかった点をアドバイスしてもらう通過地点として活用されるものでした。

　しかし、各種学会のジュニアセッションや発表大会において、ポスターセッション、口頭発表に賞が贈られるようになり、これら発表の意義も改めて考える必要が出てきたわけです。つまり、探究の評価や生徒に対しての実績作りという観点では、ポスターセッションや口頭発表も単なる中間発表ではなく、それ以上の意味をもつ

ものになったということなのです。

2．成果のまとめ、発表、そして、進路指導へ

　探究成果をポスターないしは口頭発表用スライドにまとめた後、何をするのか。
　最初にクラス発表を行い、次に学校全体の発表大会、可能であるなら校外の発表大会に参加していきます。校外の発表大会としては、近隣の学校が主催するような手頃な大会から民間企業が行うような大会、そして、学術協会の研究大会付属ジュニアセッションまで、学習者や探究成果の状況を見て適切なところに順次参加していきます。外部での発表を通じて、自身の探究の問題点を洗い出し、微調整、ときには追加実験や調査を行います。発表を通じて探究成果をブラッシュアップしていきます。
　こうして仕上がった探究成果をレポートや論文としてまとめて探究の一連の流れは終わります。
　ただし、これだけで終わりではありません。探究を通して学習者は自身の興味関心に向き合ったわけですから、これをこの後の進路指導に生かさない手はありません。探究での活動やそこでの成果を振り返り、進路指導に繋いでこそ、探究の一連の活動は意義をもつのです。

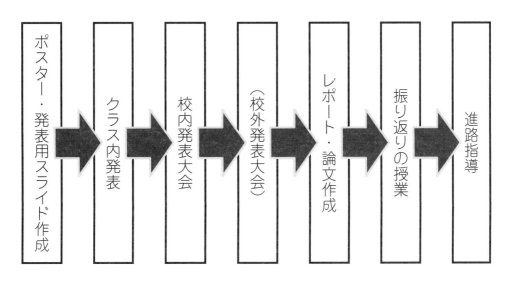

探究成果をまとめて以後の指導例

ポスター作りの基本規則（1）——ポスター・ストーリー

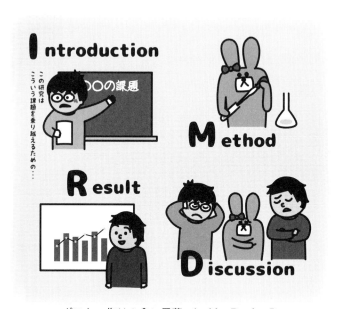

ポスター作りの合い言葉　I・M・R・A・D

1．A0版ポスターを作ろう

　探究成果をA0版ポスターにまとめてみましょう。指導のしやすさから言えばⅠ部で紹介したA4スライド式ポスターのほうがよいのですが、実際の発表大会では見栄えの観点もあってA0版ポスターが主流です。

　A0版ポスターは、A4版ポスターに比べ空間的な制約がなく、それぞれの要素をどのようにレイアウトしてもよいものです。このようにデザイン性が高い分だけ、基本的な内容を押さえておかないとポスターがうまくまとまらないことになります。

　ここでは探究成果をA0版ポスターにまとめる際にどのような要素を含む必要があり、どのようなストーリーに落とし込んでいくべきなのか、見ていきたいと思います。

2．IMRAD 方式でポスターをまとめる

（1）Introduction を書こう

ポスターの基本は章立てです。分野によって違いはありますが、IMRAD 形式（Introduction, Method, Result and Discussion）という形態が一般的です。

まずは Introduction です。ここは「問題設定」にあたりますが、他に「問題と目的」や「はじめに」、「序論」と表記されることがあります。

「問題設定」に書くべき内容は次のようなことです。

---

①ここで議論すべきテーマは何で、それはどのようなものか

②テーマに関してどのような「課題」－「問い」があるのか

③その「課題」－「問い」を解決する価値がどの程度あるのか

④「問い」から導かれた「仮説」はどのようなものか

⑤この研究のなかでどのようなことを「目的」とするのか。この研究においてどれ
　だけのことが明らかになるのか、「仮説」をどの程度、検証するのか

仮説生成－仮説検証型探究の場合、①－⑤の各項目をすべて書き込みます。このような「課題」があり、それを解決するためにこのような「仮説」が考えられると示すのです。そして、「仮説」を検証し、有効性を明らかにすることが「目的」です。

単独型仮説生成型探究では①－③までを書き、④についての議論をポスター全体に展開していくことになります。「仮説」までは書かずに、どのような「課題」があるのか、それを明瞭にして、その課題の解決策を明らかにすることを「目的」とするとよいでしょう。

（2）Method を書こう

次に Method です。Material and Method（試料と方法）と表記され、「マテメソ」と呼ばれることもあります。日本語では「方法」です。

文字通りどのような試料や器材を用いて、どのような手順で実験あるいは観察を行ったのかを明記していきます。得られたデータの分析方法も書きますが、その際は使用したソフト名を書くこともあります。方法の書き方はある程度決まっている

ので、その探究に関連が深い学問の論文を参考にして書くとよいでしょう。

　ポイントはここで書かれた手順通りに研究を再現できること、そのために内容は詳しく、わかりやすく書くことです。

（3）Result を書こう

　Result、つまり「結果」に関しては、「方法」で行った手続きによって何が明らかになったのかを書いていきます。「結果」及び「方法」は基本的に過去形で書いていくことになります。

　「結果」を書くときはグラフや写真等、結果がすぐにわかる図表を挿入します。写真には示したい結果が一目瞭然となるものを選びます。偶然撮れた写真やデータではなく、回数を重ねても同じ結果が出たものを用いるようにします。そうしなければ得られた結果の信憑性が損なわれるからです。

（4）Discussion を書こう

　最後は Discussion です。これは「考察」にあたります。結果からわかったことを整理し、それをもとに議論を行い、「厚い」考察を書いていきます。

　「結果」はあくまでもデータ自身を提示する場所であり、そこで示されたことが何を意味するのかは、さまざまに解釈可能です。「考察」ではそのデータから何が言えるのかを問題設定での議論と噛み合うように解釈するのです。仮説生成−検証型探究では最初に示した仮説がどの程度支持されたのか明確にするとともに、支持されたなら「課題」が本当に解決されたのか、あるいは支持されなかったならそれはどうしてか弁明する必要があります。単独型仮説生成型探究では、考察において「結果」で得られた情報から支持される「仮説」を書くわけです。

（5）ポスター・ストーリーを意識する

　ポスターの各部分はこのように独立性をもっているのです。しかし、それらはお互いに関連しあい1つのストーリーを作り出しています。

　仮説生成−検証型探究では次のようになります。「問題設定」において、このテーマはこのような課題があり、その課題を解決する仮説はこういうものである。「方法」で仮説を検証するための手順が、「結果」ではその手順に沿った結果が、「考察」に

88

おいて仮説が支持されたのかどうか、そこから得られる議論を示します。

　単独型仮説生成型探究では「問題設定」において、そのテーマにこのような課題があり、その課題を解決する必要性がこのように高いのでそれについて仮説を考える、と表明し、「方法」ではそのために何をしたのか、どのような情報で、どのような処理方法で検証したのかという手順を示し、「結果」では方法によって得られた情報が整理され、「考察」においてそれらの情報から支持される「仮説」が提示されます。仮説生成型探究ではこの「結果」の部分が独自のタイトルを付けられた章立てになることもありますし、「方法」が「問題設定」に内包される場合もあります。

3. タイトルの付け方

　ポスターのもう1つの大切な要素として「タイトル」があります。

　「タイトル」には探究の骨組みになる対象や材料、それを処理した手続き、基本的なコンセプトとなる概念が含まれます。

　たとえば、「高校生に最適なストレス解消法に関する実験研究」というタイトル。これなら対象が「高校生」であり、基本コンセプトが「ストレス解消法」であり、取られた手続きが「実験」であることがわかります。

　また、副題を利用する方法もあります。たとえば、「高校生のストレス解消法」というタイトルでは、対象となるのが高校生であること、基本コンセプトになるのが「ストレス」あるいは「ストレス解消法」であることはわかります。しかし、これだけだとどのような手続きを取ったものか伝わりません。そういう場合、副題を用いて「高校生のストレス解消法——高校2年生を対象にしたアンケート調査」とすれば「高校生がどのようなストレス解消法を用いているのか、高校2年生を対象にしたアンケートで明らかにした研究なんだ」と理解できます。

　このような手順で作ったタイトルは硬いタイトルになりがちです。少しくだけた感じのタイトルをつけたい場合、主タイトルはくだけたもので、副になるタイトルは比較的研究として自立したものを作るとよいでしょう。たとえば「ストレスを退治しろ！　——高校生を対象にしたストレス解消法実験」のようにです。

第Ⅲ部　成果をまとめ、進路につなげ、探究を広げよう　89

ポスター作りの基本規則（2）——ポスターの視認性

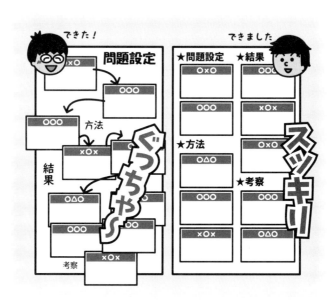

レイアウトに気をつけないと何が何だかわからないよ

1．A0版ポスターは作り方が難しい

　A0版ポスター作りは難しいです。それぞれの章の内容を変更したり、あるいは分量が増えたり、図表が入れ替わったりすると全体のレイアウトが変化してしまうからです。学習者はポスター作りに慣れているわけではないので、結果的に聴衆側にとって見づらいポスターを作ってしまうこともあります。

　ポスター作りに関しては、人それぞれ好みがあるのですが、「視認性」を重視することが肝要です。「視認性」は簡単にいえば「見やすさ」のことです。ポスターを見やすくするため、ここではいくつかの要諦を説明していきたいと思います。

2. 目線の動きは最小限に

まずは、聴き手にとって見やすい、自然な流れを作ることです。たとえば、ここにある2つのポスターを見比べてください。

Aポスター　　　　　Bポスター

Aポスターでは問題設定と結果、考察がジグザグに並んでいます。この場合、視線は左から右に、右から左下に、左下から右に、右から左下に、と動きます。つまり目を大きく動かさなくてはならないのです。

一方でBポスターを見てください。このポスターでは左半分の上から問題設定、方法、結果、そして右上から結果のつづき、考察と並んでいます。このとき、目線の流れは上から下、下から右上、右上から下とそれほど大きな動きにならないことがわかります。

発表する内容によるのですが、可能なかぎり視線の動きを最小限にすることで見やすいポスターを作ることができます。

3. 文字の大きさと強調表現

2つ目に文字の大きさです。A0版ポスターはA4スライド、ポスターの16枚程度になります。経験的に文字の大きさとしては35〜40ポイントがよいと考えられます。45ポイント程度で視認性を高める場合もあるのですが、あまり文字が大きすぎても内容量がかぎられてしまいます。内容量と見やすさのバランスを考えなが

ら、基本となる文字の大きさを求めるとよいでしょう。

　フォント(文字の形)に関しても視認性は重視されます。初心者は1枚のポスターに強調のためにさまざまなフォントを使いがちです。しかし、多くのフォントを使っては画面構成が難しくなってしまいます。1〜3種類のフォント利用が最適であり、見やすいフォントとしてはゴシック体が推奨できるでしょう。

４．色の使い方にはひと工夫を

　加えて、色の使い方です。初心者はポスターを作るとき、フォントと同じく、多くの色を使いがちです。しかしながら、たくさんの色を使って文字を強調してしまえば、どれが重要であるかわからなくなってしまいますし、文字ごとの使い分けも聴き手がいちいち考えなくてはならずストレスになります。

　基本的には文字色やレイアウトに関する色彩に関しては3種類程度で押さえるとよいでしょう。基本の文字色として黒、強調する文字色として赤、ポスター全体のイメージカラーとして（背景や囲みの文字色）任意の色、というふうにです。

　また、初心者は下線や網掛け、イタリック体等、強調表現を過度に用いてしまいがちです。強調表現を多用すると何が強調かわからなくなります。強調表現を抑えめにするとよいでしょう。

探究的な学習とは……

● 「総合的な学習の時間」
の中心的な学習方法。「探究学習」
や「探究活動」とも呼ばれる

● 次回、学習指導要領改訂では
「総合的な探究の時間」
に変更（高等学校において）

フォントや強調が不揃いで読みにくく、ポイントがわからない

探究的な学習とは……

● 「総合的な学習の時間」の中心的な学習方法。「探究学習」や「探究活動」とも呼ばれる

● 次回、学習指導要領改訂では「総合的な探究の時間」に変更（高等学校において）

フォントや強調が揃っており読みやすく、ポイントがわかりやすい

フォントや強調の効果

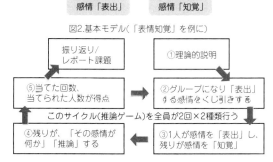

ポスター・レイアウトの一例

ポスターセッションの基本ルール

ポスターセッションは「私」と「あなた」を「ポスター」でつなぐコミュニケーション

1. ポスターセッションのねらい

　ポスターセッションでは成果の説明を通じて、自分たちの探究の長所や売りが見えてきます。一方で短所や問題点も見えてきます。このような気付きは聴き手に話すなかで相手の反応や自分自身の説明の滑らかさからわかってくるものです。

　相手がどこに興味をもってくれるか。これを知るのは重要です。自分が価値があると思うものでも他の人はあまり興味を示さないかもしれません。むしろ自分が重要だと思っていなかった部分に他の人が価値を見出してくれるかもしれません。そのとき、自分が気づかなかった自分自身の探究の価値を知ることができるわけです。

　一方で、何度も説明を繰り返すなかで自分自身が本当に興味をもっているのか、その対象に対して熱意をもって関われているのかが見えてくるでしょう。このことは自分自身のキャリアに対する示唆となります。自分がこのテーマに対して興味を

もっていなければ、その道に進まなければよいだけであり、他の部分へと興味が展開するのであれば自分の進路を切り替えていけばよいのです。

このような探究を通した自分自身への気づきは、もう1つの側面をもっています。それはコミュニケーションを通じた自分自身についての発見です。相手のもっている知識を考えず、自分が話したいことだけを話してしまい、相手がまったく理解できなかった。あるいは、自分がうまく相手の興味を引き出せなかったり、相手をうまく自分のペースに載せることができたり……。

こうしてコミュニケーションの得意・不得意が見えてくるのなら、そこに人生全体に大きな示唆が見つかるでしょう。

2．ポスターセッションの方法

（1）適切な時間配分

このようなポスターセッションを通じた自己発見は、十分な環境設定のなかから生まれてきます。その環境設定を行う際のポイントをここでは紹介しましょう。

1つは「発表時間を長く取ること」です。ポスターセッション1回の発表（説明）時間は15〜20分程度かかります。これは目の前にいる聴き手に自分の研究発表を説明したうえで、さらにディスカッションを行った場合です。当然ながら相手に興味がなかったり、学習者自信それほどを解説がうまくいかなかったりした場合は10分前後で終わってしまうこともあります。

調べ学習の段階では10分程度の発表が目安になりますが、本格的な探究の段階になれば、やはり15分程度は十分に話すことができると思われます。1クールの発表で3〜4回発表が行えるとよいでしょう。2回だと「とりあえずやってみる1回目」、「反省を活かした2回目」で終わってしまい、発表練習をしただけになってしまいます。3回、4回となると発表の仕方が安定してきて、自分自身の興味関心やコミュニケーション等に意識を向ける余裕ができるでしょう。

1人の発表時間として20分×4回の80分から90分程が1つの発表クールとして適当なものになるでしょう。

第Ⅲ部　成果をまとめ、進路につなげ、探究を広めよう　95

（2）全員が体験すること

　2つ目に「全員が体験すること」です。これはグループ探究に該当することです。グループで行う場合、どうしても学習への参加度合いにむらが出てきます。探究について熱心に取り組む学習者とそうではない学習者が出てきてしまった場合、発表でもどうしても前者が中心になってプレゼンテーションを行い、後者が取り残されることがあります。

　しかし、活躍できなかった学習者であってもポスターセッションの際には探究成果を主体的に話さないといけません。どんな学習者でも、自分がそれについて解説しないといけない場面では、その内容を理解せざるを得ないわけです。ポスターセッションは強引に学習者に「主体性」を要求する場面なのです。

　このような状況を作るためにも、グループ発表なら必ず全員が発表しないといけないという規則を作り、個々人にポスター前の在席責任時間を明示する必要があります。

（3）多様な聴き手

　最後に重要なことは、さまざまな聴き手と交流することです。多様な属性・バックグラウンドをもつ聴き手と交流することで多角的なコミュニケーションを学習者が体験できます。

　そのためには校内の上級生・下級生を含めた生徒、教師に聴き手になってもらうことが肝要です。自分たちの探究を理解するのに必要な前提条件をもっていない人たち（予備知識のない人たち）と関わることによって自分たちがどのような前提条件、前提知識の下で探究を行っているのか、振り返ることができるからです。

　また、予備知識が十分にある専門家に話を聞いてもらうことも重要です。指導する教師は一定の知識があったとしても、その分野の研究者や専門家ではないかもしれません。そのときは探究成果の中身について専門家に検討してもらうとよいでしょう。これは後ほど述べるような校外での発表大会に参加することで叶うことでもあるのです。

3．ポスターセッションの禁忌

　ポスターセッションには注意したい「禁忌」、すなわち、禁止事項があります。それはポスターセッションにおいては手元の原稿を読むこと、同じく、暗記をして、とうとうとそれを朗唱することです。

　その理由はポスターセッションのコミュニケーション構造から説明できるでしょう。ポスターセッションはポスターを介した話し手と聴き手の三項関係コミュニケーションです。「聴き手」は「話し手」とともに「ポスター」を見、話し手は聴き手に対してポスターを用いて探究成果の説明を行う。このポスターを介した三項のコミュニケーションにおいて、話し手が手元資料を読み上げていたら、三項関係は不全に陥ってしまうでしょう。

　コミュニケーションはその瞬間に生まれる「即時性」のあるものです。ポスターセッションではその関係が如実に現れます。聴き手が疑問に思ったことを話し手に問うことで話し手はさまざまな気づきを得て、用意していた発表内容を変えるかもしれません。このような即時性の高いコミュニケーションを可能にするためには、話し手が話している間にも聴き手が順次質問を行うとよいでしょう。

　このような手元原稿なしの発表を可能にするためにはポスター自体に、ある程度の内容を書き込み、ポスターを見るだけで何の探究をしているのかわかるようにすることが肝要です。また、手元の原稿や資料は補足資料として用いるようにします。発表の軸となるものはポスターに書き込み、補足を行う際、手元資料を用いる等、メリハリをつけるとよいでしょう。

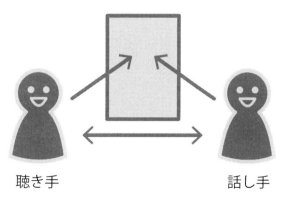

ポスターセッションの三項関係

第Ⅲ部　成果をまとめ、進路につなげ、探究を広めよう

第Ⅲ部 5章
校内ポスターセッションの段取り

校内の発表大会は学校行事と同じ。段取りが悪いと……

1. 発表大会のハウツー

　本格的な探究の発表はクラスや学年を超えた全校単位で行うことが多いと思います。ここでは「クラス」単位から進歩した「全校」単位での発表大会の段取りについていくつか解説しましょう。

(1) 規模の確定

　校内発表大会の段取りとしてはまず、規模を確定することです。1学年全体で行うとなると100人超の規模で行うわけですから、かなりの大仕事となります。

　このとき、探究を行っていない生徒、学年やクラスにも参加を促すかどうか考えます。たとえば、他学年の参加を考えてみましょう。2年生がメインの発表大会なら1年生にも参加を促し、来年度自分たちが何をするのかのモデルとして提示する。

あるいは、3年生にも参加してもらい、経験者としてアドバイスをもらう。このような異学年間の交流の場として設定することもできます。また、聴き手として、教師や校外の人を招待することもあります。

しかし、参加者が増える場合、発表大会に参加するプレーヤーが多くなるわけですから考えるべき事柄が比例して増加することにも注意しないといけません。

参加者の候補一覧

対象学年の参加
・探究を実践した生徒
・探究を実践していない同学年の生徒も含む

他学年の参加
・探究経験済みの学年の生徒 ／ ・探究経験のない学年の生徒

教師の参加の程度
・探究を指導した教師／ ・管理職を含む探究運営に関与した教師
・探究に興味のある教師／ ・その他の教師

部外者の参加
・教育委員会や他校の教師／ ・保護者 ／ ・地元の学校関係者
・大学の研究者等、教育関係者

（2）ポスターの配置

ポスターセッション大会で必要になるのは「ポスターパネル」です。Ⅰ部で示したように段ボールパネルを利用するのがもっとも簡便な方法です。教室のなかに通路を作り、椅子や机にパネルを立てかけるのです。

具体的なイメージをしてみましょう。まず、教室に2つの通路を作ります。1通路に片面3枚、向かい合って6枚、合計12枚設置と考えます。さらには教室前方の黒板を利用すると3枚程度置けます。これで15枚程度は配置できるかと思います。この際、余った机や椅子がじゃまになるので教室の後ろや外に固めるとよいでしょう。

学校行事となると普段使っていない教室の使用も可能となる場合もあります。特別教室や廊下等を使えるということです。その場合、1つの教室ごとに配置されるポスター数は比較的少なくなるでしょう。

ポスターセッションは一定のスペースとともに「凝集性」が必要になります。隣のポスターと距離が近すぎれば互いの発表の邪魔になります。隣の声がうるさくて

第Ⅲ部　成果をまとめ、進路につなげ、探究を広めよう　99

自分の発表に集中することができないというわけです。

　この場合は、発表クールごとに1つ飛ばしでポスター発表を行います。自分が発表しているクールでは両隣のポスターで発表が行われていないというわけです。

　一方で1つの教室にポスターが1つ、あるいは2つ、3つでは寂しいのも事実です。教室の位置や発表内容によっては人の流れが生まれず、聴き手が1人もいない教室もできるかもしれません。こういうことを避けるために、教室を複数使う場合であっても隣り合った教室や廊下にも発表者を立たせて人の流れや一体感を作る必要があります。

（3）理想は大会場での発表大会

　もっともよいやり方は、比較的大きな教室、たとえば、会議室や体育館のような場所を使ってポスター発表行うものです。

　体育館が生徒の収容規模から考えてもっとも手頃で理想的な会場となるでしょう。ただ、ポスターを立て掛ける台がないときは、基本的に壁際を利用するのですが、この場合、体育館の真ん中に何もない寂しい空間が生まれてしまいます。体育館等のホールを使う大会の場合は、自立式のポスターパネルを用いるのが基本です。ただ、自立式ポスターパネルは1枚が高価であり、教育研究指定校のような一定の予算がある学校でないと購入や維持管理が難しいでしょう。

　自立式パネルがない場合、体育館の真ん中にパイプ椅子を並べてそこにパネルを立てかけるやり方も可能です。この場合、椅子の設置と片付けが生じることになります。

（4）時間的配置

　ポスターセッションを大規模に行う場合、このような空間的配置とともに、時間的な配置も大きな問題となります。

　まず、学校行事として考える場合、何月何日の何時間目から何時間目までを発表大会とするのか。さらには教室セッティングを行う時間を、前後にどの程度取るのか。それに合わせて担当する教師の時間割調整や配置調整も行わないといけません。

　大枠が決まると、ここからは発表大会内のタイムスケジュールです。ポスターセッションの時間中は自分の発表時間以外は自由に動くのか、あるいは指定していた箇

所に行ってその発表を必ず見ておくのか、最初の段階で指定していた場所で発表を見た後、自由に動くのか等を決めていきます。

　初めての校内発表大会の場合、生徒の自由意志でポスターを見に行く、としておけば、生徒たちの秩序が保てるのか、不安に思う教師が多く出てきます。

　そういうときは指定していた発表を見るスタンプラリー方式を取り入れ、学習者の行動を誘導する体制を作るとよいでしょう。これは秩序の安定とともに発表する生徒にとっても聴き手を集める必要がないので発表に集中することができます。

　自由に発表を回らせ、発表者が聴衆を呼び止める営業活動もまた学習活動といえば学習活動なのですが、生徒たちの様子を見てそこまでの対応ができるかを判断しないといけません。

発表大会中の学習者の動きとタイムスケジュール例

発表大会中の生徒の動きとタイムスケジュール例

・準備時間　12時20分〜12時50分／・発表時間　13時〜16時10分／
・撤収時間　16時10分〜16時40分
・発表時間　Aターン：13時〜14時30分／Bターン：14時40分〜16時10分

・Aターン発表者

　12時50分　　所定のポスターパネル前に移動し、ポスターの設置
　13時　　　　発表開始
　14時30分　　ポスターを撤収
　14時40分　　指定されたポスター前に行き、1回目の発表を聞く
　〜以後、自由にポスターを選び発表を聞く
　16時10分〜　指定された教室の片付け

・Bターン発表者

　13時　　　　指定されたポスター前に行き、1回目の発表を聞く
　〜以後、自由にポスターを選び発表を聞く
　14時30分　　所定のポスターパネル前に移動し、ポスターの設置
　14時40分　　発表開始
　16時10分〜　ポスターを撤収し指定された教室の片付け

※発表を聞いたら発表者は聴き手の持っているシートにスタンプを押す
※スタンプは時間中に4つ以上集める

第Ⅲ部　成果をまとめ、進路につなげ、探究を広めよう　101

ポスター&要旨&レポートの発展関係

ポスターを発表したら、レポートも。発表方法は関連づけて

1. ポスターとレポートの往還関係

　探究の成果はポスターだけではなく、要旨やレポートにまとめることもあります。
　昨今の探究ではポスターセッションが重視されてきていますが、やはりレポートでまとめるというのが最終目標になることが多いです。文章としてまとめる作業のなかでポスターや口頭発表ではできないようなロジックの整理ができ、教育的な効果も期待できます。

　ポスターセッションと関わらせたレポート指導方法にはさまざまなアプローチが考えられます。レポートを書いた後にポスターに落とし込む方法もあれば、ポスターを作った後にレポートを作る方法もあります。中間報告的としてポスター発表を行った後に、追加の探究を行い、その成果も合わせてレポートを作る考え方もあるでしょう。どちらにせよ、ポスターの内容はレポートに、レポートの内容はポス

ターに、転写可能なものを意識して書かせる指導を行うとよいでしょう。

　レポートを書かない場合でも「要旨」として探究成果をまとめることがあります。この要旨は校外での発表大会で必要となることが多く、ポスター作りと平行して作成することになります。要旨は（レポートと同じく）ポスターの章立てをそのまま用います。この点を理解しておけば、要旨に用いる内容はポスターのなかでも強調表現を用いることになります。

　要旨はポスターの骨格部であり、レポートを縮小したものと捉えられます。内容としてはレポートがもっとも濃く（文量も多く）、次にポスターが、最後に要旨となります。要旨はそれ自体で探究成果を理解させるものであり、ポスターはその要旨を図表等でわかりやすく説明したもの、レポートはさらに言葉を補ってロジックを明瞭にしたものと理解するとよいでしょう。

要約の章立ての例

第Ⅲ部　成果をまとめ、進路につなげ、探究を広めよう　103

コラム
探究ハウツー本のご紹介

　本書は探究授業を作るためのガイドブックです。適宜、それぞれの段階で必要なハウツーを盛り込んでいるものの、細かい込み入った内容は割愛していることが多いのです。本書を読まれて、探究授業の大まかな流れをイメージし、教材を作ろうとした段階で探究＝研究に関する詳細なハウツーが必要となることを想定し、いくつかの「探究ハウツー本」をご紹介します。

1．学びの技—14歳からの探究・論文・プレゼンテーション　後藤芳文・伊藤史織・登本洋子著　玉川大学出版部、2014年

　「14歳からの」と銘打っているように非常にわかりやすく、玉川学園の国語科・司書・情報科の教師が集まって作成しただけあって、情報収集や論文作成までの方法論が整理されています。

2．これから研究を始める高校生と指導教員のために—研究の進め方、論文の書き方・口頭とポスター発表の仕方　酒井聡樹著　共立出版、2013年

　探究＝研究の決定版。研究の進め方からデータ解析、プレゼンの方法まで網羅した名著です。より高度な探究を目指す際の導き糸に用いるとよいでしょう。

3．課題研究メソッド　岡本尚也　著　啓林館　2017年

　生徒向け教材として販売されているものですが、研究の道筋や授業展開のイメージが湧き上がるものとなっているので、教師向けの参考書として利用することもお勧めします。

4．大学生のための「読む・書く・プレゼン・ディベート」の方法　松本茂・河野哲也著　玉川大学出版部　2015年（改訂第二版）

　要旨やレポート作成のためのライティング参考書は、アカデミックライティングの解説書を選びます。アカデミックライティングの教科書は多数出版されていますが基本的に著者のクセが少ない、標準的なものを参考に選ぶとよいでしょう。

校外発表に出てみよう

校外発表は学びの機会とともに思い出作りでもあります

1. 校外でのさまざまな発表について

　校内での発表大会を終えた後、追加実験・調査を行ったり、ポスターの表現をブラッシュアップしたりしながら、探究成果をよりよいものにしていきます。そのうえで、校外での発表大会にチャレンジするか考えます。

　校外での発表となると、二の足を踏んでしまうかもしれません。校外で発表することは自分たちの指導力が白日のもとにさらすわけで、教師にとってある種の恐ろしさがあるのです。

　ただ、校外の発表大会に参加するとわかりますが、極端に高い水準で発表が行われているというわけではありません。たしかに研究指定校の各校代表者しか出られない全国大会等は非常に高度な探究成果が集まっており、探究水準に関してのインフレーションが起きている側面もあります。

しかしながら、このような水準に至っている学校は全国的に見てもごく少数です。多くの学校は模造紙に調べてきたことを手書きで書いていたり、あるいはポスターの文字が極端に大きかったり、情報に出典が明記されていなかったり、ポスターに無関係な写真ばかり張っていたり……。

本書の方法論を踏襲している学校であるなら校外での発表をそれほど恐れる必要はありません。新奇性がないとか、ポジティブデータ（仮説を支持するデータ）がとれなかったとかの理由で発表することを恐れる必要はありません。探究での重要なところは「あくまでも学習である」ことです。校外で発表することは有識者と探究を介して交流できる場であり、評価されることより学習効果を期待する、と割り切るとよいかもしれません。

そう考えるとどんな探究でもよいように思えますが、出典が不明記だったり、論理性が低かったり、レイアウトが無茶苦茶であったり。そもそもの課題をもったポスターで発表することは探究を介した交流以前の話になり、避けるべきことと理解できます。それでは校外で発表をしよう。そう考えてインターネット等で探すとさまざまな大会が出てきます。各種の大会・イベントを検討する際のポイントを下に紹介します。

校外発表大会を検討する際のポイント

応募すれば発表が可能かどうか
選考があるか。極端にレベルの低い発表を断るため、形式的な選考がある場合も
参加資格があるか
学校種や研究指定の有無で参加資格がない場合もある
要求される発表水準はどの程度のものか
事前に参加して確認するか、参加経験のある人に訪ねる、事務局に問い合わせる
登録時に必要な書類は何か
要旨等、発表内容が分かるものを求められる場合も。このときは登録時にある程度の成果が必要になる
発表形式等の基本事項の確認
ポスターか、口頭か。会場の位置や時間、引率が必要かどうか、学校を通じた募集でないといけないのか等

第Ⅲ部 8章
クロージングセッション ──最終の振り返り授業

探究の体験を思い出しながら、いろいろな気づきや発見を得よう

1．振り返りの授業を行う

　ポスター発表後にレポートを書き、それをクラスでレポート集としてまとめました。これで探究の一連の流れは終わったと思われるかもしれません。しかし、学習という面でより重要な問題は、活動が終わった後に振り返りを行い、その活動で得られた気づきや発見を整理することです。

　学校によっては毎回の活動の後に、研究ノート等に「この活動で何を学んだのか」等の振り返りを書くことがあるそうですが、このように毎回の振り返りを行うのも重要です。

　ここでは探究の一連のプロセスが終わった後に行う「振り返り」について検討してみましょう。

　探究を1つの体験の連続性として捉え、それを振り返ることが「振り返り」の授

業の要点です。そこでは学習（体験）を振り返り、自分自身に対してさまざまな気づきや発見を得て、それらを言語化していくのです。このプロセスはコルブが提唱した体験学習のサイクルと重なります。

コルブ※は体験学習のサイクル

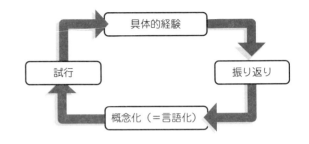

体験学習のサイクル

を次のように示しました。まずは「具体的な体験」があり、そこから得られた内容について振り返り、言語化していきます。さらにそこで得られた気づきをもとにもう一度、体験を行います（試行）。このように体験とその振り返り、そして、言語化が順繰りに続いていくわけです。

＊ Kolb, D. A.(1984) *Experiential Learning: Experience as the Source of Learning and Development*, Prentice Hall.

2．「振り返り」授業の手順

それでは具体的な「振り返り」授業の手順について検討していきましょう。

まず、学習者にこれまでの探究での体験を写真等で時系列を追いながら提示し、今までの学び「想起」させます。写真をスライドショーのように見せながら、みんなでワイワイと「あのときはこんなことがあったね」と語り合わせてもよいです。全体で行ってもよいですし、グループごとでもよいです。探究に使ったさまざまな資料を机に時系列に並べて思い出を語ってもよいでしょう。これまで貯めた資料や情報カード、作ったポスターをまとめたポートフォリオを過去から順番に見てい

振り返りにおける「想起」の方法

ビジュアルを用いた想起
・活動中の写真をスライドで教室内に投影あるいは活動中の動画を教室内で再生し、当時の心境を思い出す
ポートフォリオを用いた想起
・探究を実践している間に集めた資料やメモ等を集めた、ないしは作成した順番に並び替え、それぞれの時期での思いを考える
エピソードを用いた想起
・中間発表会や校内発表会、外部での発表会等、節目となるイベントでのエピソードを語り合う

くのもよいです。

　このとき、それぞれの時点でどのようなことを考えたのか思い出すように学習者に促します。たとえば「調べ学習」の時点で自分の興味関心がどうであったのか。最初の発表をして何を感じたのか。

　体験の思い出しが終われば、次に振り返りの問いを与えます。これらの問いは重複するものや類似したものが多いです。それは似た事柄を繰り返し問うことで体験を思い出させ、学習者に自分の成長を気づかせるためです。

振り返りの問いの例

- 最初持っていた探究のイメージと実際の活動ではギャップはありましたか。あるならそれはどのようなものでしたか。
- 探究におけるそれぞれの場面であなたはどのようなことを感じ考えましたか。具体的な場面、エピソード等ありましたら教えてください。
- 探究におけるそれぞれの段階であなたはどのようなことを学んだと思いますか。具体的な体験とそこから学んだことを対にして教えてください。
- 探究全体を通じて自分の中で何が変化したと思いますか。この実践をした自分と、しなかった自分ではどのような点が違いますか。
- 探究について感じたこと、思ったこと、考えたことを自由に記述してください。

　よく振り返りの授業と称して「感想を書いてください」のように非常に大雑把な問いかけを行うことがあります。このような問いかけは避けるべきです。なぜならそれはあまりにも一般的であり、学習者たちに決まりきった優等生的な語りを促してしまうからです。

　自分自身の体験を通してでないと答えられないような問いかけを用意しないといけません。学習者自身の個別具体的なエピソードを聞き出しながらそこで何を考えたらよいのか照らし合わせるようなものでないといけません。

　このように振り返りを行ったなら、その答えを書きとめさせます。教師はこれら振り返り資料を集めて、生徒指導や進路指導の資料として用いることも可能でしょう。また、今後の授業内容を修正するためのデータとしても利用することができます。「この授業はためになりましたか」、「楽しかったですか」というような一般的な問いによって作られた授業評価アンケートとは違い、学習者の個別具体的な体験をもとにした授業評価となるでしょう。

第Ⅲ部 9章
進路指導につなげる

「探究」と「進路」は車の両輪。有機的にリンクさせれば、学びの車は前へ進む

1. 探究では学習者個々人を見ることができる

　探究指導はさまざまな点において普段の授業とは異なります。

　まずは学習者との距離が近いところです。一斉授業ではどうしても1クラス30～40人を一度に応対することになりますが、探究指導の場面ではグループであっても4～5人、個人研究なら1人ひとりと向き合う時間ができます。

　これによって学習者の考え方や行動の癖を理解できる機会が増えます。探究成果やプロセスに関して、学習者同士の個人差が大きく現れます。指導者を含めた他者からのアドバイスをどの程度までどのように受け容れるのかを見れば、学習者がもっている柔軟性が理解できます。また、ポスターセッションでのコミュニケーションを見ると他者との距離の取り方や他者の心の状態をどこまで推測できるのかということも見ることができます。

さらには探究は、学習者との信頼関係を作りやすい学習方法です。学習者は自分１人でポスターやレポートを書きづらく、指導者に頼ることが多くなります。そこでの学習者と指導者との距離感はクラブ活動における顧問と生徒の関係に近いものでしょう。

　このような関係性は学習者が進路相談をしやすくなるという利点もあります。

　テーマ自体をある程度、縛るにせよ、ある範囲のなかで、あるいはまったく自由な状況において自分自身でテーマを決めることは、学習者の興味関心が色濃く出るのです。

　興味関心は学習者自身の今後のキャリアに強く関係するものです。学習者の多くは自分自身の興味関心を重視して進路を決定するからです。そうなると探究は興味関心を明確にするチャンスだともいえます。研究発表を通じて、校外の研究者とのつながりができたり、大学や研究所の実際の状況を知れたりする。これらもまた、探究の重要な利点でしょう。

2．探究指導と進路指導は車の両輪

　これは個々の学習者と教師が向き合う時間が増える。そして、探究の成果やそのプロセスで得られた資料、そして振り返りとして書かれたものは、学習者の興味関心を分析する資源と理解することもできます。このように探究を通じて学習者自身の興味関心に寄り添うことが可能になるのです。

　探究指導と進路指導は車の両輪のようなものです。この点を見落としてしまうと、せっかく探究を通じて高まった学習者の興味関心を進路選択に導くことができず、さらには学習活動を通じて得られた信頼関係を進路指導に有効活用することもできません。

　探究指導と進路指導の有機的な関係を築くために、学校内での分掌間の調整が必要になってくるでしょう。探究指導で得られた学習者個々人の興味関心のデータを進路部と共有するとか、学習者の成長を担任にフィードバックしそれを調査書に記載するようにするとか。そして、何より進路指導とカリキュラム編成を連動させることが重要になってきます。

　AO/特別推薦入試等に向けた実績を作るためには校外での発表大会やコンテス

第Ⅲ部　成果をまとめ、進路につなげ、探究を広めよう　　111

トへの出場がポイントになってきます。このとき、学習者をバックアップできる授業が用意されているか。たとえば、高校3年生春から夏にかけての校外発表やコンテストに参加するためにはこの時期、探究をサポートする授業が時間割にあるとよいでしょう。学校によると3年生は受験のための知識詰め込み授業を重視して、探究をサポートする授業をカリキュラムからなくしている場合があります。これでは3年生上旬の実績作りができないことになります。

　ある進学校では2年生で大半の生徒が探究を終えるものの、AO/特別推薦を意識した生徒向けに選択授業として3年生に1コマ、探究のための授業を用意していました。この授業で校外発表の準備やAO/特別推薦入試の出願書類の書き方を指導しているとのことでした。このように探究指導と進路指導とを合わせたカリキュラム運用が求められるのです。

3. 大学への接続を念頭に

　高校においては大学のAO/特色入試を念頭に探究を行う場合もあります。文理問わず、高校時代の探究やその成果は学習者の主体性を評価する重要なエビデンスとなります。そのため、自己推薦書に発表歴や受賞歴、探究の概要を書き込んだり、探究成果となるポスターの縮尺版やレポートを添付したりすることもあります。

　国立大学協会は定員の3割をAOや特色入試で行う方針を示していますので、今後ますます、入試での探究的な学習の成果活用が検討されていくことでしょう。また、2020年の高大接続改革に向けて一般入試においても調査書を活用することが示されています。これは高校3年間、どのような活動を行っていたのかが評価されるということであり、受験勉強に明け暮れているだけでは主体性のある受験生としては理解されない可能性を示しています。

　探究を頑張れば評価され、受験の機会も増えていく。これがこれからの大学入試のスタンダードとなると思われるのです。

　このことは高校での指導場面にしか関わりがないように思えるかもしれません。しかし、中学校や小学校においてもこのような大学入試動向は児童や生徒の指導場面において重要な意味をもつのです。

　中学校の視点から考えてみましょう。探究にのめり込む生徒がいたとします。現

状では探究指導に力を入れている高校はそう多くありません。偏差値で上から順番に行ける学校を指導するのではなく、その学習者に合った探究指導のできる高校を勧める必要が出てきます。そうすれば、その学習者は将来的に他の学習者よりも、より幅の広い進路選択が可能になります。

　また、小学校においてはこのような探究に対する興味関心、そして、主体性を培うことで新しい高大接続に対応できる学習者を育てることにつながるでしょう。

　「自宅での学習習慣を付ける」というお題目が小中高校で騒がしく叫ばれた時期がありましたが、同じように「探究への興味関心を付ける」ということが今後、小中高校で一貫して叫ばれ続けることになるでしょう。

第Ⅲ部 10章
成長する教育活動と探究的な学習

探究を学校に根付かせる。それは学びの新天地に分け入る冒険のようなものです

1．どのように探究を広めるか

　「私の学校でも探究を行いたい」という相談を受けることがあります。それは「自分の授業で探究をしたい」というよりも、学校全体で行いたいのだけれど、どうすればよいのかというものなのです。

　このような問いに対しては「とりあえず、先生ご自身が探究を行い、その成果を周りの生徒や教師に見せながら自分たちの進むべき道を示してください」ということにしています。このやり方は私自身が実際に高校現場で行った方法です。

　探究は1つの学習方法です。昨今、話題のカリキュラムマネジメントの考え方から、学習活動は学校全体でやらなくていけないというのは事実なのですが、少なくとも旗振り役がこの学習方法に馴染んでおらず、自分で身に着けていない状況で他の教師を導くこと等できないのではないでしょうか。

重要なことは探究は時間がかかるということです。少なくとも１回や２回の授業で教師として何かわかるという話ではありません。その点でいえば、研究授業のようなものとは少し違ったものだと思われるのです。探究を１つの形あるものにするための時間は１年・半年、短くて数ヶ月はかかります。

　学校に広めるためには、やる気のある人たち自身が時間をかけて探究を指導し、そのノウハウを習得しなければなりません。

２．学びの「経年変化」

　そのようななかで探究をどのように実施していけばよいでしょうか。１つの捉え方は「経年変化」という考え方です。経年変化で探究を捉えるとは、探究という教育活動自体が年を経ることに変化し発展していくと理解することです。

　ここで私が現場の先生方と行った探究の経年変化を紹介します。

探究の経年変化の例

・2012年度　　2週間程度の活動
　　　　　　　1件のワークショップ形式の仮説生成型探究

・2013年度　　8～12月にかけての活動
　　　　　　　5件の仮説生成型探究。外部での発表を開始
　　　　　　　➡ 探究実施教師を中心に「総合的な学習の時間」再編

・2014年度　　8～翌1月にかけての活動
　　　　　　　4件の仮説生成、1件の仮説検証型探究（1研究多試行）。
　　　　　　　外部での発表。外部予算申請 ➡ 助成決定

・2015年度　　8～翌3月にかけての活動
　　　　　　　3件の仮説生成、4件の仮説検証（1研究多試行・多研究
　　　　　　　多試行）。

　私が国語科の非常勤講師として勤務していた学校は研究指定校のような、探究を組織的に行う学校とは違う普通の高校でした。私たちは最初の１年目、課外活動として２週間程度で１件の単独型仮説生成型探究を行いました。これは５人の生徒のグループ探究でした。この活動によって「うちの学校の生徒でも探究が、あるいは調べ学習でも十分に学術的な価値があるものが作り出せるのだ」という自信と実績ができたのです。

　２年目、前年度１件しかなかった単独型仮説生成型探究が５件に増え、外部での

発表会にも参加することができました。2週間程度しかなかった活動時期を5ヶ月以上に拡大することにも成功しました。このなかで外部発表大会に参加することにより、全国での探究の水準を理解し、自分たちの立ち位置やレベルを確認することができました。このような外部での発表を希望したのは生徒たち自身で、教師にとっては予期しない活動でした。

　3年目では5件の探究を行いました。このなかで初めて1件、仮説生成－検証型探究を行うことができました。この活動は半年に及ぶものへと成長しました。前年度に引き続き外部での発表活動も行いました。この年から、それまでの探究の成果をもとに「総合的な学習の時間」再編を行い、学校全体の活動へと広げることになりました。この再編プロジェクトに探究指導にあたっていた教師たちが参加したのです。同時にこの年、外部予算を申請し、翌年の活動をサポートする助成金を得ることができました。

　4年目においては、活動期間を大幅に延長し8ヶ月近い実施期間を設けました。この年は2年目より並走していた科学探究のグループとも本格的に合流し、4件の仮説生成－検証型探究を実施、さらには現地調査を含めた3件の単独型仮説生成型探究を行いました。仮説検証型探究を増やすことができたのは昨年度の実績、そして助成金により購入できた実験器具によるものでした。この年もまた外部での発表大会を行いました。

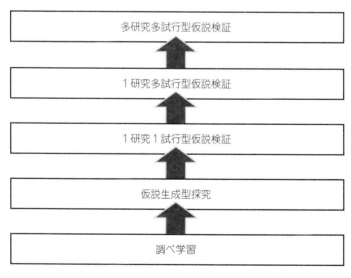

経年変化の道筋のモデル

このように探究を経年変化で捉えるなら、その変化は本書で示した「調べ学習」から「仮説生成型探究」へ、「仮説生成型探究」から「仮説検証型探究」へ、という学びの道筋と一致します。私自身、現場でプログラムを組む際、この点を意識して行いました。それは現場に探究を広め、定着させるために意図されたものだったのです。

　ここでこのような話を書いたのには理由があります。探究の指導現場において得てして「新奇性」が問われます。もちろん、学習者の探究成果において先行研究にない新しい発見を見つけるように、つまり新奇性の高い探究を促すことは一定の意味があるでしょう。

　しかし、教育現場において本質的な問題は「教育活動としての新奇性」であり、それは他校との比較のなかで自分たちの学校がどこまで特色を出せるのかということと、同時に自分たちの学校においても昨年度と比較して今年度はどのような新奇性が見いだせるのか、つまり成長できているのかを問うことなのです。

　探究を指導する際、重要なことは学習者をどこまで成長させられたのかということです。伸長の度合いが指導者の力量にかかっているなら、学習者がどの水準まで達せたかということが教師自身の成長を如実に表すものだと考えられるのです。

コラム
探究を学校内に根付かせるためには

　学校の先生方と関わるなかで、良質な探究実践校であっても担当者が異動したり、管理職が変わったりすることで体制が変化し、かつてのような水準で活動ができなくなることを散見します。

　公立校なら教育委員会ごとに「重点校」が暗黙の了解のもと存在することがあり、それ以外の学校がどんなに探究を頑張っても校内での負担が増えると批判されることがあります。管理職が校内の探究を守っているうちはよいのですが、管理職が変わり、教師負担の軽減のため、活動を縮小することもあります。また、少数の心ある担当者によって支えられた探究が人事異動によって風前の灯になることもあります。

　私立校でも目に見える入試成果をもとめて、生徒の学習時間を奪うと探究を目の敵にする理事会もあり、予算配分を減らされるということもままあります。

　このような出来事を「抵抗勢力との戦い」のように語るのは少し行き過ぎたものでしょう。探究という学習活動の価値を周囲に理解してもらい、継続的な活動として校内の業務スキームに根ざすことを考えるべきで、探究に反対したり拒否反応を起こしたりする人はあくまでも「まだ探究を知らない人たち」と捉えたほうがよいのです。

　このような「探究を知らない人たち」に探究とは何かを知ってもらうためにも校内の探究成果発表大会は効果的ですし、校外での大会における発表実績や受賞業績は大きなインパクトをもちます。また、外部の有識者（大学の研究者や民間の探究支援サービスの専門家）に自分たちの探究を評価してもらう機会も重要でしょう。公立校なら地方議員、地元選出の国会議員に、私立校なら理事会や評議会のメンバーに校内発表大会の招待状や報告書を送る、というロビー活動が重要になってきます。また、ともにOB・OG、地元の住民に活動を知ってもらうことも大切になります。

おわりに

　本書の基本的なテーマは「調べること」の再評価です。

　文部科学省の提示する「探究の過程」は「課題の設定」から始まり、次に「情報の収集」が続きます。ここでいう「課題の設定」は単なる「興味の表出」程度の意味でしかないように思います。たとえば、「カエルの卵って気持ち悪いな。面白いな」とか、「中東の紛争で子どもが亡くなっているのは悲しいな」とか。こういう興味の表出が「調べ学習」の端緒であるなら、「探究の過程」のスタートは思うよりも身近でささいなことなのだと思うのです。

　素朴な興味の表出を調べ学習において拡張させ、仮説生成型探究に導き、情報を再構成し、そして、仮説検証型探究に導いていく。この道筋作りを意識することが「探究的な学習」においてもっとも肝要なことではないでしょうか。

　本書作成にあたり次の方たちに心より感謝申し上げます。

　ともに探究事例を作り上げた京都市の高校の先生方、当時、高校生だった皆様、京都大学の皆様、現在の私の探究の現場となっているIBLユースカンファレンスの関係者・ご参加の皆様、探究研修会で勉強させていただきました大阪大学全学教育推進機構、高等教育・入試研究開発センターの皆様、本書発行に際してご協力頂きました七猫社植木茜さま、ヴィッセン出版前田朋さま、イラスト担当のアトリエGMAさま

　なお、誠に勝手ながら本書を刊行3ヶ月前に逝去された板倉聖宣先生と仮説実験授業研究会の皆様に贈ります。私の試みが教育の未来を切り開こうとした諸先輩方の後に続くことを願います。

2018年5月
がもうりょうた

著者：がもうりょうた
───────────────────────
京都大学大学院教育学研究科博士後期課程単位取得満期退学。現在、立命館大学講師。研究活動は「蒲生諒太」名義。著者への連絡・問合せは七猫社まで。

探究実践 ガイドブック
2018年5月31日初版発行

───────────────────────

著　　　者：がもうりょうた
発　行　者：植木　茜
発　行　所：七猫社
　　　　　　大阪府大阪市西成区千本南 1-9-8
　　　　　　ホームページ　https://www.seven-cats.net/
　　　　　　E - m a i l 　info@seven-cats.net
販　売　所：合同会社 ヴィッセン出版
印刷・製本：亜細亜印刷株式会社

───────────────────────

© Seven Cats Publisher 2018　Printed in Japan
ISBN 978-4-908869-09-9 C3037

乱丁・落丁本はお取り替えいたします。小社までご連絡ください。
本書の複写、デジタル化等の無断複製は著作権上の例外を除き禁じられています。